MADAME RATTAZZI

CARA PATRIA

ECHOS ITALIENS

LIBRAIRIE DES BIBLIOPHILES

PARIS, M DCCC LXXIII

CARA PATRIA

MADAME RATTAZZI

CARA PATRIA

ÉCHOS ITALIENS

PARIS
LIBRAIRIE DES BIBLIOPHILES
Rue Saint-Honoré, 338
—
M DCCC LXXIII

A MADAME RATTAZZI

QUITTANT LA FRANCE POUR RETOURNER EN ITALIE [1]

Ah! l'Italie encor vous enlève à la France,
Et vous êtes partie, ou vous allez partir!
Mais du moins, à travers le temps et la distance,
    Vous nous laissez le souvenir.
      Oui, votre grâce souveraine,
      Votre beauté noble et sereine,

---

[1]. On m'avait invitée à réunir en tête de ce volume les vers flatteurs et bienveillants qui me furent adressés à différentes époques par les poètes français ou étrangers. C'eût été, me disait-on, faire ce qu'on faisait autrefois en publiant un livre que précédaient ordinairement les *témoignages* (TESTIMONIA) plus ou moins élogieux des amis de l'auteur. L'usage avait du bon et j'y reviendrai peut-être. En attendant, je me suis bornée à placer mes poésies sous les auspices du nom de mon plus vieil ami, ancien ami de ma bien-aimée mère, de M. Paul Lacroix qui m'a vue naître, qui, comme Béranger, n'a jamais cessé de me témoigner ses sympathies, et qui veut bien encore me continuer ses conseils et ses encouragements.   M. R.

Votre esprit enchanteur qui partout vous fait reine,
Rayonneront incessamment
Au fond de ma pensée,
Comme une étoile errante et non pas éclipsée,
Qui traverse le firmament,
Reflète son rayonnement
Dans une eau dormante et glacée.

LE VIEUX BIBLIOPHILE JACOB,
âgé de 120 ans.

A MADAME RATTAZZI

ARRIVANT EN ITALIE

Quand votre pied toucha le sol de l'Italie,
Les Poëtes divins dont elle est le berceau
Sentirent s'éveiller leur âme ensevelie
    Dans les ténèbres du tombeau.
C'est un souffle d'amour qui ranime leur cendre :
Ils se lèvent soudain, ils courent sans retard,
    Pour vous voir et pour vous entendre,
Muse de la Beauté, de l'Esprit et de l'Art.

*Pétrarque, à votre aspect, croit reconnaître Laure
Et tend vers vous ses bras que la mort a raidis;
Dante, cherchant toujours en ses rêves hardis
   La Béatrix qu'il pleure encore,
Sous l'éclat de vos yeux pense à son Paradis,
Et le Tasse, appelant à grands cris Léonore,
Se prend à vous aimer, comme il l'aima jadis!*

Paul Lacroix,
Bibliophile Jacob.

Frère aîné de l'espoir, Souvenir du passé,
Doux soir du sentiment, plus charmant que l'aurore,
Crépuscule attendri, dont l'éclat effacé
Sur la cime des monts flotte et languit encore,

Tu réveilles si bien les beaux jours d'autrefois!
D'un fugitif reflet mon Présent se colore...
De fantômes aimés tu peuples les grands bois;
Quand le Bonheur s'éteint, ta lueur le redore.

O bonheurs disparus, beaux oiseaux envolés!
Qui chantiez sur mon toit, dont j'aimais le plumage,
Battus par l'ouragan, par le temps exilés,
Hélas! vous avez fui vers un autre rivage.

Revenez, revenez, mes fugitifs ailés!
Je veux entendre encor votre gentil ramage :
Parmi les chants anciens que vous vous rappelez,
Redites-moi le chant qui me plait davantage!

PREMIÈRE PARTIE

ITALIE

CHANT FUNÈBRE

SUR LES MORTS PRÉMATURÉES DES DEUX REINES

MARIE-THÉRÈSE ET MARIE-ADÉLAIDE

ET DE

FERDINAND, DUC DE GÊNES

O douleur ! ô stupeur ! ô terrible mystère !
Le mal préside-t-il aux choses de la terre ?
    Faut-il douter des cieux ?
Quel étrange hasard dirige donc la foudre
Qui frappe la vertu, quand elle semble absoudre
    Le crime audacieux ?

Quoi ! le monde admirait un roi qui, de lui-même,
Imposant une borne à son pouvoir suprême,
A convié son peuple à se donner des lois,
Et, malgré les clameurs, poursuivant sa carrière,
Renversant des abus la gothique barrière,
Fonda sur ses débris l'égalité des droits.

Le peuple applaudissait un exemple si rare.
Les soldats, se montrant le héros de Novare,
  S'inclinaient devant lui ;
Une mère chérie, un frère à lui semblable,
Une épouse angélique entouraient — cercle aimable —
  Son foyer réjoui.

Certe, il était heureux ; et c'était chose juste,
Et sous l'arbre royal croissait un jeune arbuste,
Et l'on aimait à voir l'honneur récompensé !...
Mais quelle joie échappe à la tombe jalouse ?
L'enfant meurt, — puis l'aïeule, — après la jeune épouse,
Puis le frère, — en trois mois !... O Dieu, Dieu courroucé !

Inclinons-nous pourtant devant la Providence :
Ses décrets sont cachés à l'humaine prudence ;
  Dieu choisit ses élus !
Pour de vastes desseins si Dieu vous a fait naître,
Roi, souffrez vaillamment ; les plus grands sont peut-être
  Ceux qui souffrent le plus.

La vie est plus puissante au sortir d'une crise ;
L'homme fort se retrempe où le faible se brise.
Vous êtes l'homme fort que Dieu retrempe ainsi ;
C'est parce qu'il vous garde une œuvre peu commune,
Qu'il vous rend inflexible aux coups de la fortune,
Et vous forge un courage à l'avance endurci.

  Peut-être aussi l'épouse tendre,
  Que vous enlève le trépas,
  Au ciel monte pour y défendre
  Celui qu'elle aimait ici-bas.
  S'il faut qu'en la divine enceinte
  La voix touchante d'une sainte
  Pour nous implore le Très-Haut,
  Quelle sainte plus accomplie
  Pourrait être mieux accueillie
  De Dieu, qui sait ce qu'elle vaut ?

  Protégez-nous dans nos tourmentes,
  Veillez sur nous du haut du ciel,
  De la fleur des vertus charmantes
  Vous qui composiez votre miel ;
  Votre piété, noble reine,
  Était la source toujours pleine
  D'où ne coulaient que des bienfaits,
  Et son action salutaire
  Ne s'est révélée à la terre
  Que par les heureux qu'elle a faits.

Il est un fanatisme sombre
Qui se dresse contre les lois,
Et, nouant ses complots dans l'ombre,
Comme un glaive brandit la croix.
Chez lui, la piété farouche
Parle, la menace à la bouche,
Versant des malédictions ;
Il fait d'une loi d'indulgence
Un instrument de sa vengeance,
Et le fléau des nations.

Protégez-nous contre ses trames,
Reines saintes, veillez sur nous ;
Voyez nos enfants et nos femmes
Qui vous invoquent à genoux :
L'époux en deuil, le fils sans mère,
N'échappe à sa douleur amère
Que pour être aux devoirs d'un roi...
Bénissez l'alliance intime
D'un peuple et d'un roi magnanime,
Qui l'un dans l'autre ont mis leur foi !

Roi vaillant, reprends ta pensée
Qu'a suspendue un triple deuil :
Achève l'œuvre commencée !
Toi, peuple, reprends ton orgueil !
Marchez appuyés l'un sur l'autre :

Une noble ardeur est la vôtre ;
Votre règne sera fécond...
Vous nous guidez dans nos tempêtes,
Nous vous bénirons dans nos fêtes,
Saintes patronnes du Piémont !

On voit l'image de la Vierge
Aux murs blancs des pauvres réduits ;
Devant elle on allume un cierge,
Pour elle on va cueillir le buis.
A côté de la Vierge Mère,
Vous prendrez place en la chaumière,
Reines qu'aimaient les paysans,
Et l'image des trois MARIES
De buis et d'épines fleuries
Se couronnera tous les ans.

10 février 1855.

A S. M.

LE ROI VICTOR EMMANUEL

Amnistie! amnistie! ô Roi, soyez clément!
Pardonnez au héros son fier égarement.
De perfides conseils, une heure de folie,
Ont fait du champion de la jeune Italie
L'ennemi de lui-même et de la Royauté.
Grâce, au nom du pays et de la liberté!
Grâce, au nom de l'histoire, à l'homme légendaire;
Au nom de votre peuple, au soldat populaire!
Sire, rappelez-vous Varèse et Rizzatto,
Sondrio, Laveno, Côme et Bercoletto,
Vingt autres souvenirs plus glorieux encore,
Qui de votre beau règne ont illustré l'aurore :

La Valteline en feu, les vaillants montagnards
Sans canons ni fusils, sans piques ni poignards,
Faisant arme de tout, faux, soc, bâton, cognée ;
Les volontaires, jeune et vaillante poignée,
Qui, marchant sur ses pas d'un pied leste et hardi,
Tombaient en répétant : Vive Garibaldi !
Ils sont morts ; mais leur sang, généreuse semence,
Fume encore, et vous crie : Amnistie et clémence !
Sire, rappelez-vous ses plus récents exploits,
Empruntés par l'histoire aux romans d'autrefois.
Quand il affranchissait Naple et les Deux-Siciles,
Aventurier brouillon, chef des guerres civiles,
Il allait, disait-on, par sa fougue emporté,
Étouffer au berceau la jeune liberté !
Mais vous, vous que l'Europe à juste titre nomme
Le soldat du progrès et le roi galant homme,
Vous saviez bien, en vous, que cet audacieux
Était un dévoué, non pas un factieux ;
Qu'ennemi des tyrans, comme de l'anarchie,
Il voulait l'unité, mais dans la monarchie.
Sire, grâce pour lui ! Ce généreux soldat
N'a pas cru, plus qu'alors, commettre un attentat.
Des trames qu'il ignore, un habile égoïsme
Ont égaré l'élan de son patriotisme ;
Trompant son âme ardente, ils ont armé son bras.
Mais ceux-là sont dans l'ombre, on ne les juge pas.
Doit-il, ce cœur loyal, porter le poids d'un crime

Que d'autres ont commis, et dont il est victime ?
Sa grâce, un peuple entier l'implore à vos genoux.
J'arrive la dernière, et pourtant devant vous
Je ne plaiderai pas vainement, je l'espère ;
Si le Roi restait sourd, j'implorerais le père !
Au nom de votre fille, au nom de cet hymen
Que l'Italie entière acclamera demain,
De la couronne offerte à cette blonde tête,
Sire ! qu'un jugement n'attriste pas la fête !
Vous êtes grand et fort : soyez clément et bon !
Qu'aujourd'hui soit un jour de grâce et de pardon.
Que l'aimable princesse emporte vers Lisbonne
Un pardon obtenu, sa plus belle couronne,
Et que sa fraîche voix, comme un souffle embaumé,
Guérisse le captif que vous avez aimé !
Sire, toute infortune au fond du cœur vous touche ;
Souvent le mot de grâce arrive à votre bouche.
Ah ! dites-le ce mot qui nous semble si doux !
Il portera bonheur à ces jeunes époux.
Laissez-le s'éloigner ; qu'il aille en Amérique
Jeter à d'autres cieux cette flamme héroïque,
Ce fougueux dévouement qu'a toujours exalté
L'amour de la patrie et de la liberté.
Ah ! rendez à nos vœux, rendez à sa famille,
A ses fils bien-aimés, rendez, Sire, à sa fille
Le héros malheureux ! Il est assez puni !
Faites-le libre, Sire, et vous serez béni !

Des juges, un arrêt, des gardiens, une geôle !
C'est la mort ! L'aigle meurt en cage : il faut qu'il vole,
Qu'il vive ! je connais sa devise et sa loi,
Je le jure pour lui : l'Italie et le Roi.

Turin, 26 septembre 1862.

A S. A. R.

LA PRINCESSE MARIE PIE

LE JOUR DE SON MARIAGE

I

Les cieux, rafraîchis par la pluie,
Après l'orage sont plus clairs;
Les champs, que le soleil essuie,
Étalent des tapis plus verts;
Tout dans la nature est en joie :
L'oiseau chante ; l'iris déploie
Ses arcs de triomphe éclatants,
Et le bruit des derniers tonnerres,
De salves toutes débonnaires,
Semble saluer le beau temps.

C'est ainsi qu'après nos tempêtes
Nos beaux jours paraissent plus doux.
Plus d'allégresse et plus de fêtes
Accueillent les royaux époux;
Nos canons qui, dans la bataille,
Vomissent avec la mitraille
L'effroi dans les rangs ennemis,
Aujourd'hui, tonnerres sans foudre,
N'éveillent au bruit de leur poudre
Que l'écho des foyers amis.

Sur les Alpes, dans la campagne,
Ce ne sont que joyeux concerts;
La mer les dit à la montagne,
La montagne les dit aux mers.
Naples, Turin, Milan, Florence,
Entonnent l'hymne d'espérance;
Hier rivales, aujourd'hui sœurs,
Cités libres et florissantes,
Vous regrettez vos sœurs absentes,
Dont la voix manque dans vos chœurs!

II

Vous pleurez? Je comprends vos larmes, jeune fille!
Vous pleurez le berceau, le palais, la famille,
La patrie, où se sont parmi nous écoulés
Ces jours insoucieux de votre chère enfance,
Où souriait la grâce, où chantait l'espérance,
    Jours heureux, trop vite envolés!

Qu'ils furent pleins pourtant! C'est dans ce court espace
Que vous avez grandi toutes deux, face à face,
Cette pauvre Italie et vous, comme deux sœurs;
Car d'un père commun cherchant le doux empire,
Princesse, dans ses bras quand vous alliez sourire,
    Elle allait y sécher ses pleurs!

Sous cet amour ardent, sur ces hauteurs sereines
Écloses toutes deux, vous êtes déjà reines,
Et l'Europe vous ouvre et son cœur et ses bras.
L'Italie affranchie, et forte, et libre, et fière,
Voit partout reconnaître et bénir sa bannière :
    On crie *Hosanna* sous vos pas!

Sans doute, comme nous, cette chère opprimée,
Vous voudriez la voir tout à fait exhumée,
Souriante, debout, et le front au soleil ;
Mais ce qui reste d'elle encor dans l'autre monde
Tressaille vivement sous la tombe profonde,
    Saisi des frissons du réveil.

III

    Ah ! patience ! patience !
    Laissez déblayer les abords.
    Nous allons avec confiance,
    Dussions-nous aller chez les morts !
    Vainement le sabre et la hache,
    Frappant et frappant sans relâche,
    Ont mis ce grand corps en lambeaux ;
    Vainement on a, sans mystère,
    Chaque jour jeté de la terre
    Et piétiné sur ces tombeaux !

    Vous avez vu comment la vie,
    La vie au souffle ardent et fort,

Sous cette morne léthargie,
A soudain refoulé la mort !
Il n'a fallu rien qu'une étreinte,
Rien qu'un mot : la parole sainte !
Et Lazare l'entend toujours.
Vois, dans ses veines desséchées
Nos veines se sont épanchées...
Maintenant nous comptons les jours !

Ne désespérez point, princesse,
Car cette noble sœur, objet de notre amour,
Telle qu'il nous la faut, vous la verrez un jour,
Nous vous en faisons la promesse.

D'ailleurs, n'allez-vous pas, vous aussi, comme nous,
Demander votre part dans la tâche commune ?
Qui sait ce que nous garde encore la fortune !
N'aurons-nous pas besoin de vous ?

Fille d'un noble sang, vous y songiez peut-être !
Chacun va s'employer à l'œuvre qui va naître.
Lorsque, femmes, enfants, tous, nous travaillons tous,
La jeune fille rêve, et, seule inoccupée,
Pour combattre en son nom se choisit un époux.

IV

Partez pour ce pays que l'oranger parfume
Et que baignent les flots de leur brillante écume,
  Pour ce sol fécond en héros !
Là dorment tous ces preux, ces infants, ces grands maîtres,
Aïeux de don Luiz, digne de tels ancêtres,
  Que chantent les Romanceros.

Ils se réveilleront sans doute à votre approche,
Ces loyaux chevaliers sans peur et sans reproche ;
Ils se soulèveront d'un bras sur leur écu,
Et diront, en voyant vos grâces triomphantes,
Qu'ils n'avaient pas connu de si douces infantes,
Et que pour vous, Madame, ils auraient mieux vaincu.

L'époux qui vous attend peut marcher votre égal.
Vous vous nommez Savoie... Il s'appelle Bragance.
Votre nom à tous deux signifie Espérance,
Et l'avenir enfin sourit au Portugal.
Oui, Bragance ! oui, Savoie ! ancêtres qu'on renomme,
Vous tressaillez de joie en voyant s'allier
  La fille du roi-gentilhomme
  Et le jeune roi-chevalier !

Votre vaillant aïeul, ce soldat légendaire,
Ainsi qu'Adamastor, le fabuleux géant,
Est venu demander un jour à cette terre
Un tombeau, sur les bords de l'immense Océan.

Les yeux encor tournés vers la patrie avare
Qui le laissait mourir loin de son doux soleil,
Il s'est endormi là de son dernier sommeil,
Le glorieux vaincu qu'a vu tomber Novare !

C'est pour payer le prix de l'hospitalité
Qu'aujourd'hui l'Italie au Portugal vous donne,
Et votre époux est fier de poser sa couronne
Sur un front rayonnant de grâce et de beauté.

Partez donc ! car, là-bas, c'est encor la patrie !
C'est la famille encor !... certe, et non moins chérie,
Quand votre œil si profond, plongeant de toutes parts,
De ce peuple empressé qui déjà vous acclame,
Qui de loin vous appelle, aura rencontré l'âme,
Épanoui le cœur, et charmé les regards.

Partez ! allez porter la lumière nouvelle
Parmi ce peuple ardent qui s'éveille à son tour ;
Dites-lui qu'il soit prêt à tout si Dieu l'appelle,
Et que l'œuvre divin ne tarde pas d'un jour !

L'Espagne (pauvre Espagne!) à ce contact de vie
Va tressaillir! Peut-être il lui prendra l'envie
De secouer un peu son étrange sommeil;
Son noble corps, brisé par la lutte et les chaînes,
A senti récemment que le sang, dans ses veines,
      Était chaud encore et vermeil.

Pour dissiper au loin cette atmosphère oisive
Qui pèse sur l'esprit et fait l'âme captive,
Pour rendre ce grand peuple à son activité,
Peut-être il suffirait du vent d'une bannière,
Quand votre œil, en passant, jettera la lumière
      Dans cette obscurité.

Alors sans doute, alors (ah! Dieu peut tant de choses!)
Ces deux peuples, rivaux dès longtemps, et sans causes,
Après s'être mieux vus, tout à coup s'étreignant,
S'entre-demanderont quel esprit les divise,
Quand ils pourraient n'avoir qu'une même devise :
      Bragance et Carignan !

V

En voyant votre œuvre accomplie :
Le Portugal et l'Italie
Sous une égale et même loi,
Vous aurez le droit d'être fière
Devant l'Europe tout entière;
Vous pourrez dire à votre père :
« Ta Fille est bien digne de toi ! »

L'avenir n'a pour vous que joyeuse promesse !
Ne pleurez plus, jeune princesse;
Vos larmes et votre tristesse
Rendent trop cruels les adieux.
Autour de vous, quand tout soupire,
On vous envie, on vous admire,
Laissez-nous un dernier sourire
De vos lèvres et de vos yeux !

Septembre 1862.

A S. A. R.

Mme LA DUCHESSE D'AOSTE

LE JOUR DE SON MARIAGE

I.

Vos palais sont pleins de trophées,
Tous vos parchemins ont leur sceau,
Mais auprès de votre berceau
Tour à tour ont veillé les fées.

Chacune a dit : c'est notre droit,
Nous voulons être la marraine
De cette enfant qui sera reine,
Ou du moins la fille d'un Roi.

Nous voulons qu'elle soit heureuse,
Qu'aux dons de l'esprit et du cœur
Elle joigne un charme vainqueur ;
Qu'elle soit bonne et généreuse.

Or, tandis qu'elles parlaient bas,
Du haut des voûtes éternelles,
Les anges déployaient leurs ailes
Et vers vous étendaient les bras.

Ils disaient : « Dors, enfant pieuse,
Fille du Christ mort sur la croix ;
Unie un jour au fils des Rois,
Tu seras une épouse heureuse.

« Dieu te protége, et sa bonté
Réserve à ton front la couronne
Où gracieusement fleuronne
La splendeur de sa charité. »

Ils disaient vrai, car votre enfance,
Tige généreuse, a fleuri ;
Et de votre jeune mari
Vous deviendrez la Providence !

II

L'airain sacré s'agite et les vivats joyeux
Retentissent gaiement sur les places publiques ;
Et, du pied des autels, les vieilles basiliques
Lancent pieusement leur encens vers les cieux.

Car à s'unifier tout porte l'Italie,
Les rivages lointains sont fiers de vos aïeux,
Et de vous adopter ce pays est joyeux ;
Sous un même drapeau l'Europe se rallie.

En ce jour solennel le peuple de Turin,
Enthousiaste, ardent pour celle qu'il acclame,
Veut fêter à la fois et votre hymen, Madame,
Et le retour aimé de son cher souverain.

Ah ! désormais les cœurs s'ouvrent à l'espérance :
L'Italie une, libre, et grande nation,
Signe, ne craignant plus la révolution,
Avec le Piémont sa nouvelle alliance.

III

L'avenir radieux sourit,
Le bonheur est votre apanage,
Vous aurez toujours en partage
La bonté, la grâce et l'esprit.

Tout a sa place dans l'histoire ;
Comme un souvenir frais et doux,
De la mère de votre époux
Le peuple garde la mémoire.

De l'auréole des élus
Lorsque son nom encor rayonne,
Elle vous lègue la couronne
Que lui tressèrent ses vertus.

ENVOI.

A l'heure où cette ville en fête
Se pavoise des trois couleurs
Et fait tomber sur votre tête
L'avalanche de mille fleurs,

Un oiseau de passage
A gazouillé tout bas.
Il chante son hommage :
Ne le dédaignez pas !

Turin, 29 juin 1867.

A LA COMTESSE D'ALBANY

EN LUI ENVOYANT LA TRAGÉDIE DE *Myrrha*

IMITATION

Il est dans l'empyrée, aux sphères éternelles,
Des anges radieux vêtus d'azur et d'or ;
Dieu, de leurs corps brillants ôtant les blanches ailes,
Fait de ces purs esprits les sublimes mortelles :
    Laure, Béatrix, Léonor...

Dès que se fait entendre une voix de poëte,
Dieu commande à son ange et l'envoie ici-bas...
Il sait que l'homme seul est un froid interprète,
Que l'inspiration fait défaut au poëte,
    Qu'un feu du ciel n'échauffe pas...

Car le poëte est seul au milieu de la foule,
Haï comme un méchant, en proie aux ris moqueurs;
Sous sa débile main l'appui tremble et s'écroule,
Et chacun de ses jours, qui vers la mort s'écoule,
      Ne compte, hélas!... que des douleurs...

Je poursuivais, rêveur, ma route solitaire,
Ivre de liberté, des cours presque banni,
Lorsque soudain, mes yeux se détachant de terre,
Je te vis près de moi, divine messagère
      Qu'on nomme ici-bas D'ALBANY!...

Dès ce jour le passé se ternit et s'efface :
Les brouillards, les vapeurs et les douleurs ont fui,
Et, comme le soleil inondant tout l'espace,
En moi ce sentiment anéantit la trace
      De tout ce qui n'était pas lui!...

Elle est belle et riante; elle a sur sa figure
Et dans ses yeux d'azur, éclair qui vous dit tout,
Le reflet de son âme harmonieuse et pure,
Et, dans ses flots ondés, sa riche chevelure
      Semble l'or des moissons d'août...

La beauté! n'est-ce pas la parure de l'âme,
L'attrait qui tout d'abord attire l'œil ravi?
Elle a de plus au cœur cette discrète flamme,

Cette bonté qui fait que j'adore la femme
    Qui m'a sous les fleurs asservi...

J'ai longtemps résisté; je sentais en moi-même
Les vains frémissements d'une austère fierté...
Mais ma vaine révolte était presque un blasphème...
Car j'ai fait à ses pieds... et Dieu sait si je l'aime!...
    Abandon de ma liberté...

Et pourtant, sous le ciel n'avoir que soi pour maître,
Passer indifférent près du trône des rois,
Et, contemplant le Dieu qui nous a donné l'être,
Juger, avec la loi qu'il nous a fait connaître,
    D'ici-bas les mesquines lois...

Libre!!! c'est se sentir des forces surhumaines...
C'est remonter la source éternelle du beau.
Mais maintenant, arrière, aspirations vaines,
Je bénis mon servage et je baise mes chaînes,
    Et je recharge mon fardeau!!...

Elle est en même temps ma pensée et ma gloire;
Pour elle j'obtiendrai des lauriers toujours verts...
Et la postérité, qui saura notre histoire,
Peut-être lui devra de garder la mémoire
    De son pauvre faiseur de vers...

La gloire!... l'avenir!... ô chimères fatales
Écrites trop souvent aux murs d'une prison,
Vos âcres voluptés, qui rendent nos fronts pâles,
Sont des piéges... dorés aux forges infernales,
  Dans les cavernes du démon!...

Quoi! l'Arioste est là sur sa solide base;
Le Tasse, immortel fou; Pétrarque, aux doux accents;
Le grand Machiavel, dont le génie embrase,
Et Dante!... ce rayon dont la splendeur écrase...
  Oser mesurer ces géants!...

Près des noms immortels je veux prendre ma place;
La gloire m'a mordu d'un désir furieux;
Je gravis avec eux les sommets du Parnasse,
Et, refaisant le nom de mon antique race,
  Noble... je le rends glorieux!!!

Ciel bleu.... soleil de pourpre..... Italie! Italie!...
Terre sainte des arts, centre de l'univers,
Lorsque je dormirai sous ma tâche remplie,
J'animerai tes jeux, ô ma belle patrie....
  Avec mes strophes et mes vers!...

Voici le dernier-né de ma muse, madame :
C'est le cri sans écho d'un impossible amour,
Combats, déchirements, remords, toute la gamme

Du tumulte des sens, des orages de l'âme,
    Que j'osai montrer au grand jour...

Jetez un doux regard sur cette œuvre imparfaite,
Vous qui savez si bien compatir aux douleurs,
Car avec votre appui, *Myrrha*, tout inquiète,
Peut marcher hardiment et braver la tempête...
    Pour vaincre elle n'a que des pleurs...

En ce monde, rempli d'embûches et d'abîmes,
Le poëte est souvent frappé de cécité;
Il ne lui suffit pas d'amonceler des rimes
Ou des strophes d'amour, fussent-elles sublimes,
    Pour percer son obscurité...

Avant que du Seigneur la terrible parole
Ne rappelle son ange à la splendeur du ciel,
O toi, ma Béatrix! ô toi, ma seule idole!
Fais refléter sur moi ta céleste auréole,
    Afin de me rendre immortel...

16 septembre 1863.

STANCES DE CORINNE

A L'ITALIE

I

Vous connaissez la terre où les myrtes fleurissent,
Et qu'un ardent soleil réchauffe avec amour ;
Où l'on entend, le soir, sous les cieux qui pâlissent,
L'oiseau mystérieux dont les chants retentissent
     Jusqu'aux premiers rayons du jour.

II

Italie ! Italie ! ô nourrice féconde,
Empire du soleil, du génie et des fleurs,
Berceau sacré de l'art, reine antique du monde,
Je te salue, ô toi dont la chute profonde
     A dépassé tous les malheurs !

III

Rome sur l'univers imprima son génie,
Et régna par le glaive et par la liberté;
Mais, quand le Hun vainqueur détrôna l'Italie,
Le monde tout à coup — catastrophe impunie —
    Fut plongé dans l'obscurité...

IV

Mais le jour s'est levé d'une gloire immortelle,
Moisson que fit germer tant de sang répandu !
Car elle resplendit et plus noble et plus belle.
L'imagination lui rend, Sion nouvelle,
    L'univers qu'elle avait perdu.

V

Les plus beaux dons du ciel, l'art et la poésie,
Lui firent un royaume envié par les rois.
En vain ses souverains poursuivent l'hérésie;
Elle s'endort, cherchant, riche de fantaisie,
    Du Beau les immuables lois.

VI

La poésie et l'art! Voyez quelle phalange :
Arioste, Tasso, Dante, Machiavel,
Les Carrache, Titien, Giotto, Michel-Ange,
Léonard, Raphaël!... Chacun naît et se range,
    Poussé par le souffle éternel!

VII

Philosophes, savants, innombrable légende,
Enfants de ce soleil dont le foyer si pur
Enflamme le génie et toujours le commande,
Près des autres pays, que vous la faites grande,
    Notre Italie au ciel d'azur!

VIII

O terre d'Italie! on t'a mise au martyre
Toute baignée encore et de sang et de pleurs,
Et pourtant, sous ce joug qui t'opprime et déchire,
Tu ne cessas jamais un seul jour de produire
    Pour l'homme des fruits et des fleurs.

IX

Moi, je suis ici-bas de tout ordre exceptée ;
Je vois partout la vie et le bonheur pour tous !
Seule dans mon chemin, errante et rejetée,
Je n'ai, pour me guider, ni mère inquiétée,
    Ni brûlants baisers d'un époux !

X

Mon Dieu ! pourquoi m'avoir infligé ce supplice ?
Quel crime ai-je commis ? quelle insondable erreur ?
Ne puis-je demander que l'épreuve finisse,
Et qu'une main amie éloigne ce calice,
    Comme fit Jésus mon Sauveur ?

XI

Ma douleur dans ce monde est seule, sans limite...
J'ai soif de retrouver enfin l'éternité !
Il est temps que mon âme auprès de vous s'abrite,
Mon Dieu ! lorsque mon cœur, qui battait vite, vite,
    Faute d'amour s'est arrêté !...

Octobre 1859.

L'ITALIE

AUX PATRIOTES ITALIENS

Italie! Italie! ô terre des prodiges!
O terre dont la gloire égale la beauté!
En vain ton sol magique étale ses prestiges,
Ta splendeur ne dit rien à mon œil attristé.

Ah! c'est que l'étranger opprime tes campagnes,
C'est que tes citoyens remplissent tes prisons,
C'est que je vois, du haut de tes saintes montagnes,
L'étendard autrichien flotter aux horizons.

Orgueilleuses cités que le deuil enveloppe,
Ne pourriez-vous montrer, triomphantes encor,
Les aigles que César promena dans l'Europe,
Et qui n'ont plus d'asile au lieu de leur essor?

Piémontais et Lombards, peuples des Deux-Siciles,
Peuples de l'Étrurie, ô fils de Romulus!
Vous descendez d'aïeux aux chaînes indociles:
Hélas! de ces héros ne vous souvient-il plus?

Je soupirais ainsi, perdue en ma pensée;
J'étais seule, pleurant ta grandeur éclipsée,
Rome, quand, tout à coup, au sein du Panthéon
Plus de cent mille voix ont proclamé ton nom.

O Rome, sois toujours reine de l'Italie!
Rome, rappelle-toi ton passé qu'on oublie!
O Rome, redeviens la mère des héros!
Rome, réveille-toi pour des âges nouveaux!

Si l'antiquité dort au pied du Capitole,
Le trône et le tombeau des faux dieux d'autrefois,
L'avenir resplendit sur la vaste coupole
    Où le Christ a planté sa croix.

L'avenir radieux te dit toujours: Espère,
    Comme a dit Dieu le père,

Lorsque son divin Fils autrefois sanglota,
Tombant, agneau sans tache, au pied du Golgotha!

Hélas! de tes enfants le sang généreux fume :
Du Tibre frémissant il a rougi l'écume !
Les champs de Mentana — cet autre Roncevaux —
A tes soldats-martyrs réservaient des tombeaux !

De funèbres rumeurs mon oreille est frappée ;
Dans la balance j'ai vu tomber une épée...
Dociles à la voix d'un moderne Brennus,
Les Gaulois dans tes murs sont encor revenus !

Mais du sang répandu la semence est féconde ;
Séculaire cité — Rome, reine du monde,
Écarte de ton front ces longs voiles de deuil !
Ranime ta fierté, réveille ton orgueil !

De palais en palais, de ruine en ruine,
Du Tibre aux Apennins, de Venise à Messine,
Un brillant météore a traversé les airs ;
Il embrase le ciel, la plage et les deux mers.

L'Italie est debout, s'appuyant sur son glaive !...
Un jour splendide éclate à mes regards ravis.
O prodige ! ô bonheur ! non, ce n'est point un rêve,
La liberté rayonne au seuil des saints parvis.

Le Forum retentit d'une clameur nouvelle.
Les pompeux monuments de la Ville éternelle,
Ses dômes, ses palais, son cirque, ses tombeaux,
Se couronnent de fleurs, de pourpre et de flambeaux.

La veuve des Césars, debout sur ses collines,
Porte un globe ombragé par des palmes divines.
L'Italie affranchie accomplit son destin,
Et groupe ses drapeaux au pied du Palatin.

SALUT A NAPLES

IMPROVISATION DE VOYAGE

Ardente comme l'air de feu
    Qu'elle respire,
   Naples se mire
Dans le cristal du golfe bleu !

Sol généreux ! terre fertile !
Champs aimés des blondes moissons !
J'amais la charrue inutile
Ne creusa vos larges sillons.
Jardins, vergers, où resplendissent
Les plus éclatantes couleurs !
Avec avril s'épanouissent
A la fois vos fruits et vos fleurs.

On a taxé ta politesse
D'humble et basse servilité;
On eut même la hardiesse
De t'accuser de lâcheté !
Que n'ont-ils vu, dans la bataille,
Tomber, pleins d'audace et de foi,
Tes généraux sous la mitraille,
Criant encor : Vive le roi !

Comme le bateau que balance
Le flot pur du lac argenté,
Tu t'endors dans ta nonchalance,
Quand souffle le vent de l'été !
Mais tes palais pleins de lumière
Servent de temples aux beaux-arts,
Et c'est Golconde tout entière
Qui ruisselle dans tes bazars.

Sur ton rivage aimé, que baigne
Le flot qui s'en va murmurant,
Dieu veut que la douleur s'éteigne,
Que tout s'endorme en espérant !
Il faut respecter la paresse
Qui remplit et charme le jour,
Lorsque le rêve est plein d'ivresse
Et que le réveil est l'amour.

L'avenir, qui caresse ou frappe
Les peuples au gré des hasards,
Ne laissera pas Rome au pape,
Rome, la ville des Césars!
S'il faut attendre, sois la reine,
Naples, d'un peuple de héros,
Toi qui baignes, fière et sereine,
Tes pieds de marbre dans les flots.

Mais quand l'Italie unanime
Et forte de sa liberté,
Proclamant son vœu légitime,
Demande Rome et l'unité;
Nous aurons Rome capitale,
Nous verrons, suivant son destin,
Notre bannière triomphale
Flotter sur le mont Palatin!

Le soleil, que jamais les nues
Ne couvrent d'un voile jaloux,
Prête des ardeurs inconnues
Au ciel si clément et si doux!
De ses rayons chaque parcelle
Est un long éblouissement,
Et dans l'atmosphère étincelle
Le pur éclat du diamant!

Ainsi qu'un parfum d'ambroisie,
Comme un vase d'élection,
O pays de la poésie,
Tu donnes l'inspiration !
L'esprit de tes fils, souple, agile,
Aux nobles élans est ouvert,
Et sur le tombeau de Virgile
Le laurier fleurit toujours vert !

Lorsque des sommets du Vésuve
La lave descend en grondant,
De son incandescente effluve
Tu reçois le baiser ardent !
Mais les menaces du cratère,
Quand arrive l'éruption,
Pâlissent devant ta colère
Aux jours de révolution !

On m'a dit parfois en ma vie :
« Il faut voir Naples, et mourir ! »
Le vœu de mon âme ravie
(Dussé-je y pleurer, y souffrir),
C'est revoir Naples, pour y vivre !
Les habitants y sont meilleurs,
L'air qu'on y respire m'enivre...
Et j'étouffe souvent ailleurs !

De tes défauts si l'on te blâme,
Ton peuple en vain est irrité;
Il a, pour réchauffer son âme,
Son ciel, ses droits, la liberté!
On gourmande ta nonchalance,
On te reproche ton orgueil;
On s'en prend à ton inconstance
Riant hier de notre deuil!

A cette espérance sans doute
Déjà plus d'un a dit adieu;
Mais le peuple veut qu'on l'écoute,
Car sa voix est celle de Dieu!
Des favorites qu'on oublie
Pourtant tu n'auras pas le sort,
Car le vaisseau de l'Italie
A son refuge dans ton port!

Imite la jeune Amérique
Et ses florissantes cités,
Qui donnent à la République
Des sanctuaires écartés.
Washington est la capitale,
Triste, austère, sans mouvement;
Le luxe à ses portes s'étale
Et le commerce en est l'aimant.

La puritaine Maison-Blanche
Domine des coteaux déserts,
Lorsque New-York gaîment se penche
Sur le flot — seuil de l'Univers. —
Une ruche laborieuse
S'agite entre deux Océans :
C'est cette cité populeuse
Qu'on nomme Nouvelle-Orléans.

Que Rome un jour soit capitale,
Au nom des vœux italiens ;
Tu resteras, toi, sans rivale,
O Parthénope des anciens !
Ton soleil qui toujours rayonne,
Quand il change en or tes moissons,
Ne vient-il pas à ta couronne
Promettre d'éternels fleurons ?

. . . .

Ces vers écrits en courant, et qu'emporte
Comme un fétu le vent joyeux du soir,
Ont exprimé mes vœux et mon espoir.
Où s'en vont-ils ? Je n'en sais rien. — Qu'importe !

Ardente comme l'air de feu
    Qu'elle respire,
    Naples se mire
Dans le cristal du golfe bleu !

VENISE

A M. C. RICCO

SOUVENIR DU CARNAVAL DE 1867

Souvent, dans les brouillards d'un mirage lointain,
Je revois, aux clartés de l'aube rougissante,
Venise, autre Astarté, s'éveillant, frissonnante,
Sous les ardents baisers du soleil du matin !

La reine de la mer, la cité poétique,
Semble avoir oublié ses cruelles douleurs ;
Elle déploie au vent les trois nobles couleurs
Que reflète gaiement la verte Adriatique.

Elle voue à l'exil l'étendard détesté
Qui la déshonora sans l'avoir avilie ;
Ses fils veulent encor mourir pour l'Italie,
Son antique lion rugit en liberté !

De Saint-Marc rajeuni la vieille basilique
Répète longuement les cantiques pieux :
On priait pour le roi ; les chants religieux
Éveillent du passé l'écho patriotique !

Grande Procuratie ! églises ! long canal !
Dentelles de granit ! ponts et quais ! sur vos dalles
Le Germain ne vient plus secouer ses sandales...
On nourrit les pigeons du grain national !

Comme aux temps de Byron, la discrète gondole
Prête un asile cher aux amours... et le soir
S'envolent tour à tour de son tendelet noir
Soupirs, folle chanson, rêveuse barcarolle !

La vie est revenue au canal Orfano !
Sur le seuil des palais la vague qui se brise
S'agite librement dans la lagune grise,
Depuis les Esclavons jusques à Murano !

O liberté ! féconde en éternels prodiges,
Comme Æson, rajeunie en touchant ce pays,

Tu te plais à montrer à mes yeux éblouis
Venise d'autrefois, la ville des prestiges !

Pourtant, ce ne sont pas les miracles de l'art,
Le Dôme, la Piazza, les palais, les musées,
Chantés par tout poëte en cadences usées,
Qui surprennent encor mon cœur et mon regard :

C'est Venise affolée un soir de carnaval,
Bruyante sans désordre, ardente sans ivresse,
Mettant un sage frein à sa juste allégresse
Comme le cavalier maîtrise son cheval !

Les masques circulant sous les vastes arcades,
Gais propos à la bouche et bonbonnière en main ;
Bavards railleurs, riants, semant sur leur chemin
Les plaisantes leçons, les folles pasquinades !

Arlequins, charlatans, docteurs, diables, Tattis,
Buvant à la fontaine, en plein jour, dans la rue,
Et puis distribuant à la foule accourue
Compliments et bouquets, discours et confettis !

Ah ! qu'on dansait gaiement au milieu de la place !
Comme le joyeux bal au peuple consacré
Aurait jusqu'au matin probablement duré,
Sans le vent de la mer qui pénètre et qui glace !

Je vois encor les feux sur le môle allumés,
Les bombes dans la nuit qui retombaient en gerbes,
Comme près du sillon brille à travers les herbes
La fleur rose promise aux bouquets parfumés !

Et la grande Fiera, souvenir d'un autre âge,
Qu'on revoit une fois en soixante et dix ans !
Et la régate !... et puis les cris étourdissants
Des gondoliers masqués encombrant le rivage !

Ah ! si l'on disposait de la vie à son gré !...
Si l'on pouvait fixer le rêve qui console !...
Tout nous appartiendrait, tombe, berceau, gondole...
Mais on n'ose pas dire : Un jour je reviendrai !

LA SENSA

A VENISE

IMITATION DE DELL'ONGARO

Debout, Venise! Voici l'heure!
   Il ne faut plus sommeiller;
Ton époux sort de sa demeure :
   Il t'aime et vient t'éveiller.

Regarde... C'est le *Bucentaure*.
   Du haut du port redouté,
Venise, vois tomber encore
   L'anneau de la liberté.

Fier gondolier de la lagune,
   Vite ! en main ton aviron,
Car l'oriflamme jaune et brune
   Va s'enfuir à l'horizon.

Ah ! rejette le bandeau sombre,
   Par toi trop longtemps porté :
Le soleil vient dissiper l'ombre
   Qui cachait la liberté.

Et sur la mer dont est sortie
   Cette belle et riche cité,
Faisons la régate bénie
   Au nom de la liberté.

Et sur ta base granitique,
   Rugis de joie, ô lion !
Des Alpes à l'Adriatique
   Entends le mot Union.

Aux quatre chevaux de Corinthe
   Manque le char triomphal :
Les canons de la guerre sainte
   Nous fourniront le métal.

Et sur ce pavois mémorable,
   Victor et Garibaldi,
Roi vaillant ! héros indomptable !
   Traverseront l'infini.

MANIN

Voyez!... Le ciel soudain prend de sinistres teintes.
Écoutez!... C'est l'accent de douloureuses plaintes ;
Et dans le fond du golfe où Venise s'endort
Tout semble répéter : « Un des nôtres est mort ! »

. . . .

Venise!... Je t'ai vue, en tes splendeurs passées,
Répandre l'or du monde en fêtes insensées :
Gondoles et canots glissant sur le canal,
Les masques turbulents du fameux carnaval,
Les sénateurs, les Dix, l'espion qu'on abhorre...
Je vis un homme, un jour, montant le *Bucentaure*,

Couronné de la Corne et de ses cheveux blancs,
S'avancer vers le port aux mâts étincelants,
Puis jeter dans tes flots, ô mer Adriatique,
L'anneau d'or consacré d'une union mystique :
C'était le dernier doge. Il avait nom Manin.

. . . .

Hélas! toute grandeur périt, c'est le destin!...
Venise disparaît de la face du monde;
Entre elle et le soleil se place une aile immonde,
Et l'aigle blanc s'abat, sans crainte du baro,
Sur la noble mourante, et la livre au bourreau.
Le Croate, qu'on trompe, est devenu complice
De ce gouvernement de schlague et de police,
Et le Vénitien, qu'on laisse à ses amours,
Se résigne, énervé, mais espérant toujours.

. . . .

Pendant ce temps, un homme allait sur les lagunes,
Concentrant dans son sein le fiel de ses rancunes,
Contemplant l'horizon, et combien l'homme est peu
Dans cette immensité qui fait comprendre Dieu...
Il aimait, au ciel pur, voir briller les étoiles,
Comme autant de clous d'or dont la nuit tend ses voiles;
Mais un vaste projet dans son âme germait :
— « Venise, disait-il, si Dieu me le permet,
Je te rendrai les jours de ta splendeur antique;
Je reconstituerai ta grande république! »

. . . .

Il travaillait dans l'ombre, et cherchait le moyen,
Cet homme, ce rêveur, cet obscur citoyen...
. . . .
Venise, un jour pourtant, sort de sa léthargie :
Du joug autrichien va-t-elle être affranchie?
L'Europe s'éveillait et détrônait ses rois;
Les peuples se parlaient et réclamaient leurs droits;
Un cri de liberté, sorti des barricades,
Faisait le tour du monde au bruit des fusillades!...
. . . .
Le rêveur y répond, échauffant les esprits,
Et le peuple à Venise agit comme à Paris!
L'aigle blanc est brûlé sur la place publique,
A ce cri triomphant : « Vive la République! »
Or, ce noble avocat du peuple cisalpin,
C'était le petit-fils du dernier duc Manin.
. . . .
Venise renaissait sous la sage parole
De ce doge nouveau. — Son radieux symbole,
Le lion de Saint-Marc va pouvoir désormais
Poser l'ongle de bronze au vélin des Congrès!
L'Autrichien, chassé par Venise enhardie,
Se voyait enlever toute la Lombardie;
Chaque pays conquis vengeait ses trahisons;
Les martyrs s'élançaient du fond de leurs prisons...
On respirait! Manin, maître de sa chimère,
Était un magistrat, un tribun, — mieux, un père;

Et le chant cadencé des rameurs du Lido
Mêlait son nom sans tache aux vers de Torquato.
. . . .
Mais la réaction, ce monstre à l'œil oblique,
Guettait dans ses élans la jeune République;
Le Croate revint, ce mercenaire blanc,
Se ruer sur Venise et déchirer son flanc...
En vain Manin réclame, à grands cris, de la France
Les secours tant promis. Pour cette cause immense
La France reste sourde et n'a pas un soldat...
Ainsi fut consommé l'horrible assassinat!...
Hélas! hélas!

    Devant son pays qui s'écroule,
Manin reste debout. Il faut que son pied foule
Désormais le rivage et la terre d'exil.
— « Que ne me tuait-on plutôt! » s'écriait-il.
. . . .
Il se réfugia sur le sol de la France,
Demandant au travail le pain de l'existence,
Et vivant dans un coin ignoré de Paris.
Seul avec ses enfants, fleurs de son beau pays,
Il enseignait la langue admirable de Dante
Aux enfants étourdis de l'oisif dilettante.
Mais, au milieu des soins de cet obscur labeur,
L'œil fixé sur sa route, impassible, sans peur,
Il consultait toujours le pouls de l'Italie.

Sa fille réchauffait, ange de la patrie,
Sa grande âme aux abois, son cœur morne et souffrant
Devant le froid regard du monde indifférent.
Hélas ! la pauvre enfant, profil pur, galbe antique,
S'étiolait, mourait, loin de l'Adriatique.
En vain sa lèvre pâle au lointain souvenir
Essayait un sourire... Hélas ! pas d'avenir...
La mort était dans l'ombre : elle emporta cet ange...
. . . .
Ces combats sans repos, cet horizon qui change,
L'exil, le pain pénible, et ces afflictions,
Sont-ils l'avant-coureur des malédictions ?
O douleur !... l'Italie et Venise la belle
Ont-elles mis le pied dans la nuit éternelle,
Couvertes à jamais d'un suprême linceul ?...
. . . .
Manin agonisait. Il allait triste et seul,
Ce pasteur sans troupeau, ce père sans famille,
Pleurer sur le gazon qui recouvrait sa fille...
Son âme n'avait plus ni miroir ni soutien,
Et ce père du peuple et ce grand citoyen,
A force de brûler les pleurs sous ses paupières,
D'aspirer au repos des demeures dernières,
S'éteignit, murmurant, sur son lit pauvre et nu :
— « L'Italie était libre, on ne l'a pas voulu ! »
. . . .
Et Venise, enivrée au sein des belles fêtes,

Subit l'Autrichien, ivre de ses conquêtes,
S'efface dans son ombre en fuyant le soleil...
. . . .
Mais, si le lion dort, il aura son réveil !

LES ARCADES DE TURIN

Madrid le soir danse au Prado,
Londres vogue sur la Tamise,
Vienne a son Prato, et Venise
S'enorgueillit de son Lido !

Chaque ville a ses promenades,
Constantinople a ses bazars,
Paris vante ses boulevards,
Turin est fier de ses arcades.

Mais qu'importe un air enivrant
Et le parfum de l'atmosphère ?
La rive que moi je préfère,
Le Pô la baigne en murmurant !

J'aime cette ville sereine
Qu'on ne quitte pas sans chagrin !
J'aime le peuple de Turin
Et son allure puritaine !

Salut à vous ! Je vous revois,
O mes arcades bien-aimées,
Vives, coquettes, parfumées,
Et rieuses comme autrefois !

Vous souriez à l'allégresse.
Sur votre seuil hospitalier,
C'est l'univers, le monde entier,
Qui se coudoie et qui se presse.

Quand, cédant aux ardeurs du jour,
La ville se tait et sommeille,
Dans votre ombre fraîche s'éveille
Un long gazouillement d'amour.

Vous n'avez plus assez d'espace
Pour les amants et les flâneurs,
Lorsqu'à midi les promeneurs
Ont pour vous déserté la place.

Rendez-vous du monde élégant,
Des touristes et des toilettes,

LES ARCADES DE TURIN.

Aimables arcades, vous êtes
Un autre boulevard de Gand!

Les grisettes et les duchesses,
Mêlant leur gracieux essaim,
S'arrêtent près des magasins
Pour en admirer les richesses.

Mais on respire un air de feu,
Et comme il faut qu'on se repose,
Pour y causer de toute chose
Au café l'on s'assied un peu.

Si d'altérés la salle est pleine,
Les gandins restent au dehors,
Et l'on se croirait aux abords
Du café de la Madeleine.

Cependant ce peuple si doux,
Cette cité d'aspect austère,
Ont eu leurs heures de colère
Et d'épouvantables courroux.

Je revois des traces fatales
Que le pied foule en frémissant :
Fraîches arcades, c'est du sang
Qui naguère a taché vos dalles!

Mais l'éternelle liberté
Vous sait gré de vos sacrifices,
Et les dieux sont restés propices
Au peuple à tort déshérité.

Des souveraines qu'on oublie,
Turin, tu n'auras pas le sort,
Et tu resteras sans effort
Reine des villes d'Italie.

O cité qu'abrite le mont,
Tu sembles, encore embellie,
La couronne de l'Italie
Et la perle du Piémont.

Si tu n'es plus la capitale
De ce pays au vaillant cœur,
Les poëtes chantent en chœur
Ta sérénité sans égale.

Un sang toujours généreux bout
Dans ta veine patriotique,
Et comme un dolmen druidique
Tes arcades restent debout.

A ALEXANDRIE

LE SOIR DU BAL DU SAMEDI 15 FÉVRIER 1868

    Alexandrie,
    Cité chérie,
Dont j'ai gardé le plus doux souvenir,
    Je suis heureuse,
    Je suis joyeuse
Dans tes vieux murs quand je puis revenir.

Poste avancé d'une race guerrière,
Noirs bastions, formidables remparts,
Larges créneaux et citadelle fière
De déployer au vent nos étendards ;

Fleuve amoureux de la plaine fertile,
Or ondoyant des précoces moissons,
Ciel embaumé qui couronne la ville,
Firmament gris aux larges horizons ;

Calmes faubourgs ! vaste et bruyante place,
Sol qu'a mouillé le sang des Gibelins,
Clochers aigus qui défiez l'espace
Et réveillez les échos cristallins ;

Arbres touffus où l'oiseau bavard chante,
Ombrages verts et gazons de velours,
Salut à vous ! vous retrouver m'enchante,
Car du passé je remonte le cours.

De mon mari ces lieux ont vu l'enfance,
Quand, tout petit, turbulent et mutin,
Il ne rêvait ni luttes ni puissance,
Insoucieux de l'avenir lointain.

Je vais revoir l'aïeule au doux visage,
Dont le front pur, par le temps respecté,
Des froids hivers n'a pas subi l'outrage
Et resplendit plein de sérénité.

Salut à vous, salut, Lares antiques,
Modeste toit, par la paix habité,

Foyer béni des vertus domestiques,
Temple discret de la simplicité !

J'aime la chambre et la tranquille couche
Où les aïeux ont passé tour à tour ;
Puis le berceau que de la main je touche
Des petits-fils a vu le premier jour !

Tombe et berceau, pôles de cette vie,
Qui me mêlez à vos traditions,
Vous me montrez la route qu'ont suivie
D'un pas égal deux générations !

Salut surtout à la ville ouvrière
Que le travail a vouée au bonheur ;
Quand je reviens en ces lieux, je suis fière
Du bon accueil dont je comprends l'honneur ;

L'habile essaim, artisan de merveilles,
M'a de la ruche offert la royauté,
Et je deviens la reine des abeilles ;
Pour une nuit, me voilà Majesté.

Mais dans le bal aux rapides quadrilles,
Quand je voudrais à tous serrer la main,
Autour de moi grouper les jeunes filles.
J'oublie, hélas ! qu'il faut partir demain :

C'est à regret, mais je suis hirondelle,
Je dois quitter ce pays des cœurs d'or,
Demain matin m'enfuir à tire d'aile...
En m'envolant, je veux redire encore :

   Alexandrie,
   Cité chérie,
De toi j'emporte un charmant souvenir ;
   Troupe joyeuse,
   Je suis heureuse
Du cher espoir de bientôt revenir.

UN TOAST A CASALE

IMPROVISATION

A MON AMI MELLANA
DÉPUTÉ DE CASALE

De Casale,
Capitale
D'un historique marquisat,
Parlerai-je?
Chanterai-je
Cette perle du Montferrat?

Ah! ne l'effrayons pas! Les hôtes du bocage,
Fauvette et rossignol, l'hiver, n'ont plus de voix!
Et ce sont d'autres chants que leur léger ramage,
Qui peuvent éveiller les échos d'autrefois!

Avec l'or des moissons, sur les champs de batailles,
A l'ombre des ormeaux, au pied des noirs cyprès,
Le temps a fécondé les sanglantes semailles
   De l'avenir et du progrès !

De saint Erasius le célèbre martyre
A Casale est encore en honneur aujourd'hui,
Mais son culte pieux n'est pas ce qui m'attire,
   Ce qui me charme et me séduit.

Ce ne sont pas non plus ses noirs géants de pierre,
Palais qu'édifia l'orgueil des châtelains,
Ces dalles où le pied soulève la poussière
   Des Guelfes et des Gibelins !

Pourtant c'est la cité que je comprends, que j'aime,
Où j'évoque toujours un pieux souvenir !
La ville qui pour moi, dans un culte suprême,
Au passé glorieux a promis l'avenir.

C'est le sol où fleurit encor l'amitié sainte,
Le temple du devoir, de la fidélité,
Où les dévouements vrais dans une noble étreinte
   Consacrent la fraternité !

C'est le foyer béni d'où jaillit l'étincelle
Qui mit le feu naguère au volcan redouté,

Et qui fit luire aux yeux de la race nouvelle
    L'aurore de la liberté.

Dernier de nos remparts, digne sœur de Novare,
Quand cédait l'Italie à la loi du plus fort,
Quand le Roi, maudissant la destinée avare,
S'embarquait pour l'exil, tu résistais encor !

Il est bien naturel qu'un poëte te chante,
Casale ! Du progrès n'es-tu pas le flambeau ?
    Quand Mellana te représente
Et d'une ferme main tient ton noble drapeau !

Mellana le tribun ! Mellana le farouche !
Mellana, que le peuple a nommé son ami !
Mellana, que le cri d'un enfant trouble et touche,
Et qui ne sait aimer ni haïr à demi !

C'est toi, noble cité, qui saluas l'aurore
Des succès que le temps gardait à mon mari.
Sois fière ! A tes enfants, que le présent honore,
Le passé sert de phare et l'avenir sourit !

O jeunesse ! printemps, lumière, vie et séve !
Ardent rayonnement des nobles passions,
Qui dois réaliser la promesse et le rêve
    Des autres générations !

Jeunesse ! du pays éternelle *espérance*,
Dans l'ombre du foyer grandis en liberté.
Casale, en t'attendant, édifie en silence
Des temples à la *Foi*, comme à la *Charité*.

De Casale,
Capitale
D'un héroïque marquisat,
Tout m'enchante,
Et je chante
Cette perle du Montferrat !

LES SUPPLICIÉS

IAMBES

Ah ! c'est l'âge de fer que le siècle où nous sommes,
    Puisque le droit et l'équité,
Priviléges des uns, pour le reste des hommes
    Ne sont que rouille et vétusté !

Le temps où nous vivons à tout ce qui respire
    Impose la loi du plus fort ;
Qui ne peut rien créer s'évertue à détruire
    Et signe des arrêts de mort !

Les vaincus désormais fournissent des victimes
  Au gibet réhabilité,
Quand l'amour du pays seul inspire des crimes
  Aux soldats de la liberté!

O vous qui condamnez sans pitié, prenez garde,
  Souverains de paix et d'amour!
Le peuple vous maudit, le monde vous regarde :
  Pardonneront-ils à leur tour?

L'échafaud est parfois l'instrument du martyre,
  Et la pourpre humide de sang
Est sœur de la tunique offerte à Déjanire
  Par le Centaure agonisant!

Florence, 12 décembre.

LA VIERGE ROMAINE

Le soleil dore au loin la route suburbaine,
Le Tibre jaune coule en son lit respecté ;
Le jour est radieux, et la cité romaine
Étale sous le ciel sa calme majesté !

Souvenirs qu'a légués l'antiquité païenne :
Colisée, aqueducs, tombeau de Métella,
Palais, temple béni de l'Église chrétienne,
Tout parle aux yeux, au cœur, et tout dit : « Rome est là ! »

Ruines et tombeaux à l'avenir qui veille
Montrent le noir sillon que le temps a tracé ;
Et, sur ces grands débris, l'âme qui s'émerveille
Demande l'espérance au culte du passé.

Sous ce ciel sans nuage, on est heureux de vivre !
Chaque jour qui se lève à l'horizon vermeil
Fait éclore les fleurs dont le parfum enivre ;
Tout est jeune et joyeux sous l'éternel soleil !

Et pourtant Camilla, la brune jeune fille,
Indifférente et triste au milieu du chemin,
S'assied et laisse au loin errer son œil qui brille :
Des tourments inconnus font palpiter son sein.

Pourtant elle est à l'âge où, foulant d'un pied libre
Le sol, et du printemps saluant le retour,
Les filles chaque soir dansent au bord du Tibre ;
A l'âge où la jeunesse est ardente à l'amour !

Pourquoi ces yeux mouillés de larmes ? Pleure-t-elle
L'ami de son enfance, un jeune fiancé,
Qui, de la liberté soldat sûr et fidèle,
Pour avoir combattu, loin de Rome est chassé ?

« Ne m'interroge point ; pour une autre souffrance
Garde, dit Camilla, ta banale pitié !

Mon cœur brisé n'a plus de force ou d'espérance;
Il ignore à la fois l'amour et l'amitié.

« J'ai vu donner la mort à toute ma famille,
Mon père massacré, mes frères expirants!
A peine ai-je échappé moi-même, jeune fille,
Aux brutales ardeurs du soldat des tyrans!

« Ici, qui peut songer à la joie, à la danse?
Danser!... Est-il un champ, parmi les champs romains,
Où l'on puisse, le soir, s'élancer en cadence,
Sans crainte de fouler des ossements humains?

« Tout le sang versé crie et demande vengeance :
— Posthume repentir! Inutiles remords! —
Si quelques-uns, hier, rêvant la délivrance,
Ont essayé la lutte, hélas! ceux-là sont morts!

« La liberté, trésor du foyer domestique,
Remplit mon cœur jaloux de son amour sacré!
A son culte, pareille à la vestale antique,
J'ai dévoué ma vie, et vierge je mourrai!

« J'ai chassé pour jamais l'espérance éphémère;
Un mortel désespoir m'a prise, et sans retour
Je renonce aux doux noms et d'épouse et de mère.
Mon pays est en deuil, je ne veux pas d'amour!

« Au serment que j'ai fait je resterai fidèle
Jusqu'au jour où, brisant un joug trop détesté,
Et renaissant aux feux d'une aurore nouvelle,
Rome aura salué l'antique liberté ! »

Janvier 1864.

A DANTE

Dante, salut à toi, le sublime prophète,
    Élu du Dieu de vérité !
Un peuple tout entier vient célébrer ta fête,
    Sous le ciel bleu de ta cité !

Comme tu l'as rêvé, toi, l'immortel génie,
    Ils viennent par tous les chemins
Apporter leur couronne au roi de l'harmonie,
    Et chanter, les mains dans les mains.

Toi dont la plume ardente écarta la broussaille
    Qui nous cachait la liberté,
Entends les cris joyeux du peuple qui tressaille
    Aux mots de paix et d'unité.

Six cents ans ont passé sur ton poëme immense :
Le grain lentement a mûri,
La meule du progrès a broyé la semence
Et le peuple s'en est nourri.

Certes, l'œuvre n'est pas encore terminée,
L'ennemi redouble d'efforts,
Il se sert contre nous d'une arme empoisonnée
Qui fait hésiter les plus forts.

Tu le reconnaîtrais, l'ennemi sanguinaire
Que tu flétrissais sans pitié ;
Il est toujours debout, sa haine séculaire
N'a rien appris, rien oublié.

Italiens, épuisons le calice d'absinthe :
Les temps ne sont pas éloignés
Où, joyeux, nous verrons complète l'œuvre sainte,
Et nos ennemis enchaînés.

Peut-être près de nous un homme attend dans l'ombre
Le moment de se révéler...
Quand le soleil rendra notre horizon moins sombre,
Sa grande voix pourra parler.

ROSSINI

Vous dites qu'il est mort!... Non, ce n'est pas possible !
Le cygne, en déployant ses ailes vers les cieux,
N'aura pas emporté dans le monde invisible
    Son chant doux et mélodieux !

Des siècles reculés jusqu'aux jours où nous sommes,
Le temps qui flétrit tout, les fleurs et les fleurons,
A pourtant respecté quelquefois les grands hommes ;
    Sa faux n'a pas touché leurs fronts.

Le Dante vit toujours glorieux à Florence,
Je sais en quel palais habite Machiavel,
Et le peuple pieux garde un culte, en silence,
    A Michel-Ange, à Raphaël !

Les héros succombant sous le faix de leur gloire,
Jadis prêts à partir, ont vu le monde en deuil;
Aux éternels festons du temple de Mémoire
    Ils ont préféré notre seuil.

Rossini restera tout entier dans son œuvre,
Armide, le *Barbier*, *Mosé*, *Guillaume Tell!*
On ne peut séparer le maître du chef-d'œuvre,
    L'image sainte de l'autel.

Quand des flots d'harmonie envahissent la salle,
Lorsque Moïse prie ou Rosine sourit,
Du divin maestro c'est l'âme qui s'exhale!
    C'est son âme, c'est son esprit!

Le feu vivifiait la cendre rajeunie
Du fabuleux phénix expirant sur l'autel:
C'est pour renaître encor que s'éteint le génie,
    Car le génie est immortel!

    Casale, 22 novembre 1868.

LA MARGUERITE

A S. A. R. LA PRINCESSE DE PIÉMONT

LE JOUR DE SON MARIAGE

    La Muse qui me sollicite,
    Comme Marot, veut aujourd'hui
    Que je chante la Marguerite :
    Puissé-je chanter comme lui !

Quand tu donnais ton nom à la blonde princesse
Que dotaient au berceau la grâce et la beauté,
Savais-tu que plus tard son auguste jeunesse
T'offrirait, elle aussi, ta part de royauté ?

    Dans nos jardins et nos parterres,
    Les fleurs au parfum enivrant
    Se disputent le premier rang :
    Chrysanthèmes et primevères,
    Ainsi qu'en un champ clos, souvent

Affectent l'allure guerrière
Et, redressant leur tige altière,
Frissonnent aux baisers du vent.

Le jasmin, fier de sa blancheur,
Grimpe sur un mur en ruines;
Le lilas vante sa fraîcheur,
La rose aux teintes purpurines
Se prétend reine de beauté;
Mais leur éclat passe trop vite.
Fleur ou princesse, tout invite
A saluer la royauté
Que fleuronne la Marguerite.

Rendue aux splendeurs d'autrefois,
L'Italie entière est en fête :
Ce ne sont que bals et tournois,
Feux d'artifice qu'on apprête!

Torrent de soie et de velours,
Lorsque défile le cortége,
La foule enthousiaste assiége
Les places, les ponts et le cours.
Mille cris joyeux applaudissent
Aux pompes du royal hymen;
Les pauvres, d'avance, bénissent
Les bienfaits d'une blanche main!

Qu'au seuil des grands palais les torches,
Comme autrefois, flambent ce soir !
Aux saints parvis, que les vieux porches
Répètent des hymnes d'espoir !
Enflammez-vous, brillantes gerbes,
Et que votre éclat fulgurant
Étale ses reflets superbes
Le long du fleuve murmurant !

Luttez de courage et d'adresse,
Combattez, chevalier courtois,
Sous les yeux de votre princesse !
Votre chef est fils de nos rois !
Poëte, rimez en cadence !
Chantez, trouvère et damoisel :
De l'esprit et de la vaillance
On annonce le carrousel.

Gloire aux vaillants ! Los et largesse,
Preux chevaliers qu'on vient d'armer !
Sonnez, clairons, pour la princesse
Que le peuple vient d'acclamer !
Parmi la foule qui s'agite,
Applaudissant au noble hymen,
Votre fleur est dans chaque main,
Soyez heureuse, Marguerite.

Pour être fort, il faut resserrer le faisceau :
Le fleuve impétueux, déviant de sa course,
S'épuise promptement et se change en ruisseau,
Quand tout cède au torrent qu'alimente sa source !

Prince, soyez béni, pour n'avoir pas permis
Que cette noble branche à votre souche entée,
Et qui doit les héros à l'avenir promis,
Sur un sol étranger pût être transplantée !

Prince, soyez béni ! car vous avez compris
Que, marchant sur les pas de votre illustre père,
Votre compagne doit rappeler au pays
Le souvenir aimé de votre sainte mère !

Prince, soyez heureux ! que vos jeunes amours
Vous remplissent le cœur et fleurissent vos jours,
Car bientôt l'Italie, à jamais une et libre,
Acclamera son roi sur les rives du Tibre !

S'il vivait aujourd'hui,
Clément Marot pourrait m'accuser de redite,
Car j'ai chanté la Marguerite,
Ainsi que lui.

DEUXIÈME PARTIE

....

LÉGENDES ET SOUVENIRS

LÉGENDES SAVOISIENNES

I

LA MAISON DU DIABLE

Quand le pressoir déborde et quand le grenier ploie
Sous la riche vendange et la blonde moisson,
Construisez cave et grange, enfants de la Savoie;
Mais n'employez jamais le diable pour maçon !

Des travers qu'on reproche à la faiblesse humaine
Le plus dangereux est, je crois, l'ambition :
Elle éblouit les yeux, et l'âme qu'elle enchaîne
Obéit en aveugle à son impulsion.

L'ouvrier vit en paix dans son humble demeure ;
Vivrait-il plus tranquille en un vaste château ?
Le pêcheur sera-t-il plus heureux tout à l'heure,
S'il possède un moulin sonore au bord de l'eau ?

Et pourtant c'est la loi ! — L'homme toujours désire
(Attrait de l'inconnu !) tous les biens qu'il n'a pas.
L'ambition se mêle à l'air que l'on respire ;
Un aiguillon secret précipite nos pas !

Parmi les lieux aimés qu'aux élus le Ciel garde,
Terrestre paradis des fragiles humains,
Est-il un plus beau lieu que le soleil regarde
Et dore d'un rayon plus ami qu'Aix-les-Bains !

Les champs sont abrités par la haute montagne,
L'été n'a point de feux, l'hiver est sans rigueurs ;
Tout est vivace, riche, et la verte campagne
Étale avec orgueil ses moissons et ses fleurs !

Suivez le frais sentier et côtoyez la rive
Du ruisseau serpentant sous les grands châtaigniers ;
En passant, écoutez la chanson fugitive
Du pinson, hôte aimé des bosquets printaniers.

Saluez aux pommiers la vigne suspendue,
Le pampre verdoyant, la grappe au doux reflet ;

De l'horizon lointain mesurez l'étendue,
Mais arrêtez vos pas sur le pont du Tillet.

Un spectacle imposant frappe les yeux et l'âme :
Le lac est à vos pieds, le lac limpide et pur,
Et du soleil ardent la rayonnante flamme
Embrase l'atmosphère et s'éteint dans l'azur.

Là-bas, sur le coteau, la tour de Hautecombe,
Les pics dont l'aigle seul a trouvé le chemin...
Portez les yeux plus loin, et votre regard tombe
Sur l'escarpement noir des rocs de Saint-Germain.

Contraste merveilleux ! émotion suprême !
De la prairie en fleurs on passe au roc bruni ;
Et le cœur, plein encor des doux transports qu'il aime,
Se gonfle au poétique aspect de l'Infini !

Dans un aussi beau lieu qu'il ferait bon de vivre,
Si, loin des bruits du monde, en ce coin écarté,
Sans lutte à soutenir et sans but à poursuivre,
On cherchait le bonheur dans la simplicité !

Sous un modeste toit, dans la calme vallée,
Au temps jadis, vivait (s'il faut ajouter foi
Aux contes que, le soir, on fait à la veillée)
Un homme appelé Jean, plus heureux que le roi.

Dieu semblait lui sourire. Une simple chaumière
Était son patrimoine, et, les jours de moisson,
Quand il rentrait courbé sous la gerbe dernière,
Il saluait le seuil d'une vieille chanson.

Fruits dorés au verger, lourde grappe à la treille ;
Gras troupeaux dans les prés, tout prospère en ce lieu.
Le bonheur fleurissait sur sa lèvre vermeille.
Il s'endormait, le soir, sous le regard de Dieu.

Un jour, Jean tout à coup devint soucieux, sombre :
Oubliant qu'il était laboureur et berger,
Des bœufs et des agneaux il ne sut plus le nombre ;
Il laissa sans culture et plaines et verger.

L'ambition mauvaise avait gâté sa vie ;
Il n'était plus heureux de ce simple bonheur,
Et son cœur gangrené, qu'avait mordu l'envie,
Rêvait le luxe faux d'une fausse grandeur !

A Jean, hier encor, content de sa chaumière,
Il faut une maison, un palais, au sommet
Du coteau qui, là-bas, dresse sa crête altière !
Comment réaliser ce qu'un rêve promet ?

Il veut en vain chasser la pensée importune ;
Sachant que les châteaux ne se font qu'à prix d'or,

Il erre tristement, aux clartés de la lune,
Comme un sorcier qui cherche où se cache un trésor.

Dans l'ombre de la nuit, un étranger l'arrête.
« Jean, dit-il d'une voix qui n'avait rien d'humain,
Je vais calmer d'un mot et ton cœur et ta tête :
Tu rêves un château, tu l'auras dès demain ! »

Puis il lui parla bas. — Ainsi le dit l'histoire.
Jean avait reconnu sur-le-champ le Malin ;
Toutefois il traça son nom sur le grimoire,
Et de cette entrevue on ne sut pas la fin.

Cette nuit-là, l'écho rendit des sons étranges ;
On entendait au loin la scie et le marteau,
Les cris des ouvriers, turbulentes phalanges...
A l'aube, un beau castel couronnait le coteau.

Jean n'eut point pour cela la mine plus joyeuse :
Larron honteux, malgré son opulent butin,
Les soucis faisaient tort à son humeur rieuse ;
Une larme souvent mouillait son œil éteint.

Pourtant il s'était dit, payant cher sa richesse :
« Les gens de ce pays ont tous un esprit fin...
Si le diable est rusé, nous lutterons d'adresse ;
Il ne tient pas mon âme, et nous verrons la fin ! »

Insensé, qui croyait, à son heure dernière,
De son marché fatal pouvoir se repentir !
Le bon Dieu n'attend pas la tardive prière.
Eh ! qui peut ici-bas compter sur l'avenir ?

Sur le seuil, un beau soir, la Mort s'en est allée...
Plaignons le pauvre Jean que le diable emporta.
La maison est là-haut, toujours ensorcelée ;
Satan l'avait construite, et son nom lui resta !

Quand le pressoir déborde et quand le grenier ploie,
Après riche vendange, après blonde moisson,
Construisez cave et grange, enfants de la Savoie ;
Mais ne prenez jamais le diable pour maçon !

II

LE SIRE DE MONTMAYEUR

A M. LE COMMANDEUR L...

Le seigneur suzerain de l'antique manoir
Chevauche bruyamment sur son destrier noir.

Au milieu de la nuit l'horizon étincelle :
De Chevron à Conflans, de Cessens à Grésy,
Et de Monterminod jusques à Chambéry,
L'ange des sombres feux a déployé son aile.

A voir briller de loin ces nocturnes signaux,
Le voyageur, qu'émeut la crainte des fantômes,
Pâlit en se signant, comme si djinns ou gnomes
Avaient pris leurs ébats derrière les créneaux.

Mais, dans le clair-obscur, sous la voûte étoilée,
On voit glisser là-bas l'ombre d'un cavalier ;
Et vers les tours en feu se dirige un coursier,
Dont le sabot sonore éveille la vallée !

Le baron redouté, qui retourne au manoir,
Presse les flancs poudreux de son destrier noir !

Des tours de Montmayeur la silhouette immense
Couvre le vert vallon d'un reflet lumineux,
Et leur masse se dresse, à l'horizon neigeux,
Comme un mauvais génie, au milieu du silence.

En vain l'humanité chercherait un écho
Dans ce site sauvage, où l'ours a sa tanière ;
Sur le donjon, les vents agitent la bannière
Qui porte pour devise : *Unguibus et rostro !*

D'un tyran féodal c'est le sanglant repaire.
Le baron est connu par toute la comté,
Pour son horrible astuce et sa férocité :
Le sinistre vautour se cache dans son aire !

Tout tremble devant lui, chaumières et châteaux !
Les supplices cruels que sans cesse il invente
Pénètrent de terreur et glacent d'épouvante
Les seigneurs ses voisins et les serfs ses vassaux.

Dégradés par le joug, usés par la misère,
Les hâves laboureurs, vers le sol inclinés,
Vont fuir, s'il apparaît dans les champs fortunés
Qui bordent la Savoie et qu'arrose l'Isère!

L'implacable seigneur, qui retourne au manoir,
Brise tout sous les pieds de son destrier noir.

Le baron est galant et réserve à sa' couche
Mainte victime offerte à la brutalité
Que dessert une atroce et froide volupté...
Mais son front toujours reste anxieux et farouche.

C'est qu'il n'est pas au ciel astre dont la clarté
Sous le nuage, un soir, ne s'éclipse ou pâlisse;
C'est qu'en ses démêlés avec dame Justice
Le glaive féodal perd son impunité !

Or, sans pouvoir chasser la pensée importune
Qui de son cœur altier a su trouver l'accès,
Le sire d'Apremont pense à certain procès
Qui menace à la fois son titre et sa fortune !

Le terrible seigneur, qui retourne au manoir,
Chevauche, soucieux, sur son destrier noir !

Lui, qui commande en maître et devant qui tout plie ;
Lui, de mille vassaux l'absolu suzerain,

Va-t-il se résigner au rôle d'un vilain?
Devant un juge, enfin, faut-il qu'il s'humilie?

Nécessité vaut loi! L'orgueil et la fierté
Doivent subir parfois un joug qui les offense.
Derrière un appareil de force et de puissance,
Le baron fait du moins acte d'humilité.

Bannière déployée, escorté d'hommes d'armes,
Il marche, brandissant sa lance de combat;
Son armure au soleil brille d'un fauve éclat...
Mais son cœur est en proie aux plus sombres alarmes.

Le belliqueux seigneur, sur son destrier noir,
Avec ses écuyers s'éloigne du manoir!

On a tort de penser qu'il part pour la croisade!
Non, — son voyage aura pour terme Chambéry:
Il va solliciter monsieur de Fessigny;
Pour gagner son procès, il tente une ambassade.

Monsieur de Fessigny, président du Sénat,
Incorruptible juge, homme de vieille roche,
Fut, ainsi que Bayard, sans peur et sans reproche;
Sa réputation est grande dans l'État.

Cette fois, avait-il étudié la cause?
On ne sait... Cependant il promit le succès

Au baron inquiet du sort de son procès,
Et même il se lia par une étrange clause.

Sans croire qu'il courût des risques à ce jeu,
Pour prouver au baron combien son adversaire
En plaidant contre lui se montrait téméraire,
Il offrit d'engager sa tête pour enjeu !

Rassuré, le baron remercia le juge,
Et vers le vieux castel s'en revint, plein d'espoir ;
Mais l'ingrat ne fit pas sa prière, le soir,
Pour remercier Dieu, qui seul décide et juge !

Le seigneur suzerain du féodal manoir
Chevauche allégrement sur son destrier noir !

Malheur à ceux qu'endort l'aveugle confiance !
Les songes mensongers, qui peuplent le sommeil,
Avec l'illusion s'envolent au réveil,
Et la réalité fait pâlir l'espérance.

Le sire d'Apremont vit arriver, un jour,
Un messager porteur de funeste nouvelle :
Le président, malgré sa promesse formelle,
L'avait fait condamner sans appel par la Cour.

On essayerait en vain de raconter la rage,
Le dépit, la fureur et l'indignation

Du sire, qu'écrasait l'humiliation...
Rien ne parut pourtant sur son hautain visage !

Calme et serein le jour, — aussitôt que la nuit
Drapait à l'horizon son manteau lourd et sombre,
Le baron exhalait sa colère dans l'ombre ;
Des murs de Montmayeur il s'échappait sans bruit.

A travers la campagne il errait en silence,
Il errait, et souvent, auprès du vieux moulin,
Où se montre, dit-on, à minuit, le Malin,
Il faisait des serments de haine et de vengeance.

Le seigneur, quand tout dort dans l'antique manoir,
Galope à travers champs sur son destrier noir !

Deux ou trois mois après cette déconvenue,
Le baron de nouveau s'en fut à Chambéry,
Et se présenta chez monsieur de Fessigny,
Qu'effraya tout d'abord sa visite imprévue.

Le sourire à la lèvre et portant haut le front,
Calme et comme insensible au coup de la fortune,
Il venait, pour prouver qu'il était sans rancune,
L'inviter à venir au château d'Apremont !

Le malheur, disait-il, l'avait trouvé stoïque,
Mais il voulait au moins, pour faire ses adieux

A l'antique château bâti par ses aïeux,
Y donner une fête, un banquet magnifique.

Ce devait être aussi belle réunion :
Barons et chevaliers, dames et damoiselles,
Les plus vaillants seigneurs, les femmes les plus belles,
Avaient tous accepté son invitation.

Le président trouva la chose un peu suspecte,
Il voulut refuser... Mais, dans sa loyauté,
Il réfléchit bientôt que l'hospitalité
Est une sainte loi que partout on respecte !

D'ailleurs, quand une fête est dans tout son éclat,
Quand des torches d'honneur jaillissent mille flammes,
Au son des instruments et sous les yeux des dames,
Quelle main s'armerait pour un assassinat ?

Enfin le président accepta... Côte à côte,
Le lendemain matin, ils partirent tous deux.
Monsieur de Fessigny paraissait soucieux,
Le sire d'Apremont souriait à son hôte.

Ensemble et d'un pas lent, vers le sombre manoir,
On vit se diriger mule et destrier noir !

Jusques à Montmayeur, tout le long de la route,
Le baron fut charmant, et sa joyeuse humeur

Força le président, inquiet et rêveur,
A chasser loin de lui le soupçon et le doute.

Entre eux il ne fut pas un instant question
D'espérance déçue et de fausse promesse;
La fête et ses splendeurs, cour plénière en liesse,
Remplirent tour à tour leur conversation.

Le vautour avait-il rogné ses rouges serres?
Le nocturne chacal s'était-il fait agneau?
Tout est-il donc changé dans le sombre château,
Théâtre tant de fois de funèbres mystères?

Le sire d'Apremont, qui retourne au manoir,
Fait sentir l'éperon à son destrier noir!

Mais ils sont arrivés. Le cor s'éveille et sonne;
La herse devant eux se lève avec fracas,
Les chevaux hennissants font trembler sous leurs pas
L'antique pont-levis, qui fléchit et résonne.

Au château tout a pris un air joyeux de fête;
Dans la cour, les varlets, sur la table accoudés,
Agitant à grand bruit les hanaps et les dés,
Échangent des clameurs qu'au loin l'écho répète.

Sur le seuil du castel où flotte un étendard,
L'essaim des invités vers le baron s'avance;

Les dames seulement brillent par leur absence.
Le président alors se repent... mais trop tard !

Il reprit cependant un peu de confiance
Quand, parcourant des yeux la salle du festin,
Il vit s'amonceler, sur la nappe de lin,
Du somptueux banquet la splendide ordonnance.

Dix lustres radieux et cinquante flambeaux
Versent autour de lui des torrents de lumières ;
Ce ne sont qu'écussons, guirlandes et bannières,
Et le mur disparaît sous les soyeux rideaux.

La table plie au poids des viandes fumantes :
Sur les grands plats d'argent se dressent tout entiers
Lièvres, perdrix, faisans, moutons et sangliers,
Paons à demi cachés sous leurs plumes brillantes ;

Les fruits les plus exquis, les gâteaux délicats
Montrent avec orgueil leurs jaunes pyramides,
Et l'amphore promet à l'or des coupes vides
Le vin de Montmélian et le doux hypocras.

D'un semblable repas l'aspect est homérique !
Qui peut rester alors soupçonneux et prudent ?
Donc, quand il fut assis, le noble président
Se moqua bien tout bas de sa peur chimérique.

Le baron semblait être en veine de gaîté,
Les convives bientôt partagèrent sa joie;
On but à la santé des princes de Savoie!
Au pays! à sa gloire! à sa prospérité!

Sans doute les seigneurs, buvant jusqu'à l'aurore,
Se seraient enivrés et de vin et de bruit,
S'ils n'avaient entendu tout à coup dans la nuit
Retentir le beffroi solennel et sonore.

Le marteau sur l'airain retombe douze fois...
C'est minuit!... Au tumulte on a fait soudain trêve.
Le sire d'Apremont de son siége se lève,
Remplit sa coupe et dit : « C'est aux morts que je bois! »

A ces lugubres mots les lumières pâlissent;
Lustres étincelants et flambeaux, tout s'éteint!
Et, comme obéissant au souffle d'un lutin,
Les rideaux blasonnés sur la muraille glissent!

Les varlets, les soldats, les vassaux du manoir,
Apparaissent groupés dans une salle immense,
Et, la dague à la main, se pressent en silence
Autour d'un échafaud couvert d'un voile noir.

Sous ce sombre appareil un mystère se cache,
Qui trouble et fait pâlir chevaliers et seigneurs.

Une torche blafarde aux tremblantes lueurs
Éclaire le billot et la sanglante hache!

Le pauvre président, défaillant, éperdu,
Implora du regard ses compagnons de fête,
Mais tous avec terreur avaient tourné la tête...
Il comprit qu'il était sans ressource perdu!

Le baron dit alors d'une voix forte et dure :
« Mes aïeux m'ont fait noble, et le roi chevalier;
Je suis de Montmayeur souverain justicier;
Je punis, c'est mon droit, le crime et le parjure !

« Un homme m'a leurré de perfides serments!
De sa foi, messeigneurs, le gage était sa tête!
J'ai perdu mon procès! — Soit! — Ma vengeance est prête!
Cet homme est parmi vous; sa tête, je la prends! »

Il dit, et le bourreau, traversant l'assemblée,
Traîna vers le billot le pâle président!.....
. . . .
Le baron prit la tête, et d'un regard ardent
La contempla d'abord, de sang toute souillée !

Et bientôt, s'élançant sur son destrier noir,
Le baron au galop s'éloigna du manoir !

Là-bas, dans son palais, le Sénat délibère.
L'auditoire est nombreux. — Les gens de Chambéry
Se demandent pourquoi monsieur de Fessigny
Est absent aujourd'hui de son siége ordinaire.

Tout à coup sur le seuil paraît un chevalier
Armé de toute pièce et visière baissée!...
La Cour, à son aspect, semble d'effroi glacée ;
Mais lui s'avance grave et parle le premier :

« Nobles seigneurs, dit-il, le Sénat s'inquiète
De ce qu'est devenu monsieur de Fessigny.
De votre président ne prenez plus souci :
Il est mort cette nuit, et j'apporte sa tête ! »

Il dit, et sur le sol il jette bruyamment
Son trophée effrayant, qui jusqu'à leurs pieds roule ;
Puis, mettant à profit la stupeur de la foule,
Il s'éloigne et remonte à cheval librement.

Le châtiment suivit cette audace exécrable :
Dans l'intérêt de tous, le Sénat et le Roi
Invoquèrent bientôt les rigueurs de la loi
Pour punir sans pitié ce crime épouvantable.

A son tour le baron à mort fut condamné,
Mais on eût beau chercher dans toute la Savoie...

Avant la loi le diable avait saisi sa proie :
Il l'avait avec lui dans l'enfer entraîné !

Le château fut rasé ; mais, dominant l'abîme,
On a laissé debout la tour de Montmayeur,
Dont l'aspect gigantesque inspire la frayeur,
Comme une expiation éternelle du crime.

Quand parfois l'étranger, touriste ou voyageur,
Qui voit à l'horizon cette masse, demande
Si ces lieux ont gardé quelque sombre légende,
On lui dit ce que fut autrefois Montmayeur.

Mais qu'il n'espère pas visiter la ruine :
Nul ne le guidera vers les murs chancelants.
Ces lieux servent encor d'asile aux revenants,
Et la tour quelquefois à minuit s'illumine.

L'ombre du vieux baron, sur son destrier noir,
Vient, dit-on, chaque nuit visiter le manoir !

III

L'ÉGLISE DE HAUTECOMBE

I

Vanité des grandeurs et des biens de la terre !
A l'heure où vient la mort, les rois, le prolétaire,
Fatalement poussés vers la nuit sans réveil,
Ne s'endorment-ils pas de l'éternel sommeil?
Et la tombe pour tous n'est-elle pas la même ?

Rois ! pendant soixante ans portez le diadème,
Épuisez du pouvoir toutes les voluptés !
Restez sourds quand la voix du peuple, à vos côtés,
Esclave et pâlissant devant votre arrogance,
Fait monter jusqu'à vous le cri de la souffrance !
L'artisan épuisé, le laboureur sans pain,

Souffrent peut-être, en bas, l'angoisse de la faim!...
Qu'importe! des festins la coupe est toujours pleine!
Au travail courageux, à la sueur humaine
Demandez vos plaisirs, et sous un joug pesant
Courbez à votre gré le faible et l'innocent!
Un jour viendra pourtant où la misère et l'âge
De l'homme ayant usé la force et le courage,
Sur le seuil en ruine apparaîtra la mort...
Matelot fatigué qui voit de loin le port,
Le pauvre, agonisant sur un lit de souffrance,
Tournera ses regards vers la sainte espérance,
Heureux de demander, dans la tombe emporté,
A la mort le repos, à Dieu la liberté.

Et vous, rois aveuglés, même au sein de vos fêtes,
Vous verrez, ce jour-là, flamboyer sur vos têtes
Le glaive étincelant de l'Ange du trépas;
Et du suprême appel quand tintera le glas,
Vainement votre lèvre essayera la prière!
Pour chacun tour à tour sonne l'heure dernière :
La grande éternité, nuit froide où tout s'endort,
Jette ensemble au linceul les rois au sceptre d'or,
Le riche et l'artisan, le luxe et l'indigence.
Sur le bord du tombeau l'égalité commence!
C'est un rêve insensé, c'est une illusion,
De l'esprit orgueilleux posthume ambition,
Que de vouloir, trompant la tombe inexorable,

Laisser sur cette terre une trace durable :
Le marbre et le granit ont-ils à l'avenir
Légué des héros morts le nom, le souvenir ?
Le temps qui détruit tout, souvent même la gloire,
N'a pour la vanité ni respect ni mémoire !
Il n'a point de pitié pour l'audace et l'orgueil,
Qui veulent le braver au delà du cercueil.
Le sable du désert a sur les pyramides
Effacé bien des noms ! Sur ces plages humides,
Couvertes aujourd'hui par le Grand Océan,
Peut-être nos aïeux avaient-ils une tombe !
Défi présomptueux qu'ils jetaient au néant !

II

Antique mausolée et tour de Hautecombe
Des siècles écoulés monument respecté
Qui vit grandir jadis la féodalité ;
Lorsque des souverains léguaient à votre enceinte
Leur mortelle dépouille, et sous votre ombre sainte,
Comme sous une égide, avaient mis leurs tombeaux ;
Qui vous eût dit qu'un jour vos murs et vos créneaux,
Impuissants à défendre un pareil sanctuaire,
Laisseraient profaner ce royal ossuaire,

Et qu'on prendrait enfin (sacrilége impuni!)
Aux rois morts leur cercueil, aux vieux aigles leur nid?
Pourtant on aurait cru ce roc inaccessible !
Le monde et ses rumeurs, jusques au seuil paisible,
N'arrivaient par hasard que comme un bruit perdu :
Entre l'onde et le ciel, nid d'aigle suspendu !
Mais jusqu'où ne va pas le torrent populaire !...
Le peuple quelquefois regrette sa colère...
Plaignons-le seulement, lorsqu'il est égaré ;
Et, d'ailleurs, aujourd'hui le crime est réparé.
Un homme, un souverain à la sage parole,
Vient de rendre au vieux roc l'antique nécropole.
C'était un saint devoir, et, docile à l'appel
De ses aïeux sans tombe, il releva l'autel !
Les moines, bons vieillards aux sombres scapulaires,
Des cendres de nos rois pieux dépositaires,
D'une tremblante main ont repris les flambeaux
Dont les pâles lueurs éclairent les tombeaux.
Leurs voix, sous les arceaux, chantent de saints cantiques,
Et l'écho, redisant leurs prières mystiques,
Répète au voyageur, au pâtre, au batelier :
« Mortel, la mort est là ! Mortel, il faut prier ! »
Majestueux spectacle ! Une tour gigantesque,
Semblable à ces grands burgs dont le vieux Rhin tudesque
Vit couronner jadis ses abruptes coteaux,
Sur le bord escarpé dresse ses noirs créneaux.
Plus bas, d'un large mur la ceinture blanchâtre

Indique la limite où la chèvre et le pâtre,
Après avoir gravi lentement le rocher,
S'arrêtent épuisés, à l'ombre du clocher.
Le couvent est caché derrière cette enceinte :
Des moines et de Dieu c'est la demeure sainte;
Le lac est au-dessous, le lac limpide et pur,
Où le soleil, le soir, se couche dans l'azur.
Tout se tait, tout repose autour du monastère :
Point de vaines rumeurs, point de bruit de la terre;
Tout est recueillement dans ce calme profond,
Et quand la voix du prêtre à la cloche répond,
Une émotion douce, instinctive et puissante,
S'empare tout à coup de l'âme frémissante;
L'infini se révèle à l'homme, dans ce lieu
Où tout est poésie, où tout est plein de Dieu.

Lorsque sonne minuit, — minuit! heure fatale! —
Sous les sombres arceaux la lampe sépulcrale
Pâlit, nous a-t-on dit, puis s'éteint, et soudain,
Des antiques tombeaux, une invisible main
Soulève lentement les immobiles dalles.

Chaque cercueil se vide, et vingt fantômes pâles,
Drapant comme un manteau leurs linceuls blasonnés,
Promènent autour d'eux des regards étonnés...
Le lac se ride au loin, et des barques rapides,

Sur la rive échouant leurs carènes humides,
Jettent au pied du roc d'étranges passagers.

Ces spectres, quels sont-ils? Où vont ces étrangers?
Les princes aujourd'hui qui gouvernent le monde
Viennent-ils, recherchant une source féconde,
Demander le conseil et l'exemple au passé?
Mais non, avec la nuit le rêve est effacé!
Non, des religieux retentit la prière.
L'aurore monte au ciel... Tout rentre au cimetière.
Illusion trompeuse!... Au fond de leur cercueil
L'éternité retient les rois et leur orgueil.
Sous les sombres arceaux le cloître est solitaire!
. . . .
Vanité des grandeurs et des biens de la terre!

RAPHAEL

A A. DE LAMARTINE

I

L'automne est la saison où les champs de Savoie
Rappellent des beaux jours la splendeur et la joie.
La gelée, au matin, en frappant les halliers,
Fait pleurer à midi vignes et châtaigniers;
Le brouillard qui s'étend au-dessus des vallées
Jette son voile épais sur les cimes mouillées
Du chêne frémissant, et couvre le coteau;
Mais lorsque du soleil le radieux flambeau
Laisse tomber ses feux sur le sol tributaire,
Un chaud rayon de vie a réveillé la terre,
Et le vent souffle tiède et ride les ruisseaux.

La fleur s'épanouit sous le chant des oiseaux,
Qui rend, comme en printemps, aux rives embellies
La vivante nature et ses mélancolies.
Heureux qui sait goûter le charme de cette heure!
La lèvre qui sourit, le cœur brisé qui pleure,
Lui doivent, tour à tour, le chant et le soupir...
C'est alors qu'il est doux d'aimer et de mourir!

Un de ces beaux jours-là, Raphaël vit Julie.
Cet instant solennel décida de sa vie.

Le lac était serein, et le léger bateau
Voguait vers Hautecombe, au caprice de l'eau,
Quand du bout du vallon la brise furieuse
S'élance tout à coup, et la vague écumeuse,
Qui ballotte l'esquif, sur sa cime glissant,
Entr'ouvre devant lui l'abîme menaçant!
Les sombres grondements, qu'au loin l'écho répète,
Aux matelots troublés annoncent la tempête!
A regagner la rive il ne faut plus songer,
Le bateau lutte avec les flots et le danger!
Raphaël, qui de loin voit la barque en détresse,
Appelle un batelier, le conjure, le presse,
Et se porte en plein lac pour sauver le bateau
Qui parfois disparaît sous l'écume de l'eau;
Enfin les deux esquifs, que la lame rassemble,
Sur la grève, sauvés, vont échouer ensemble.

Quel tableau déchirant et quel spectacle affreux
Frappent de Raphaël et le cœur et les yeux!
Dans le fond du bateau, couverte d'eau glacée,
Une femme mourante, hélas! s'est affaissée,
Et sa tête s'appuie au rustique coffret
Où le batelier serre à l'abri son filet!

Dans ce désordre même, oh! qu'elle est encor belle!
Ses cheveux bruns, épars et flottants autour d'elle,
Semblent l'aile luisante et noire d'un oiseau
Par la vague à demi couvert, au bord de l'eau.
Sa joue, où les couleurs ne sont point effacées,
Ne trahit pas l'effroi d'émotions passées,
Et son front d'un blanc mat, sous un rayon vermeil,
Accuserait plutôt un tranquille sommeil!
Sur la plage déserte, au pied de Hautecombe,
Dans un coin retiré que le rocher surplombe,
D'un agreste réduit les murs hospitaliers
Donnent parfois la nuit asile aux bateliers.
C'est là qu'on a porté la belle évanouie,
Avant qu'elle eut donné même un signe de vie.

A genoux et tenant sa tête dans sa main,
Raphaël veille seul jusques au lendemain.
Des soupirs douloureux s'échappent de sa bouche :
Il pleure et prie au pied de la funèbre couche.
Julie, au point du jour, reprend enfin ses sens;

Elle fixe sur lui des yeux reconnaissants,
Et dit : « Soyez béni, Seigneur, en qui j'espère !
Je pourrai donc aimer ! J'ai désormais un frère ! »

Ainsi, dès que ses yeux se sont rouverts au jour,
Sa première parole est un accent d'amour !

II

Hymne saint de l'amour, cantique des cantiques !
Pour vous traduire, il faut les fibres sympathiques,
L'élan passionné du Poëte orateur ;
Lui seul a dans la voix une gamme choisie,
Et pour faire un concert d'ardente poésie,
  Sa lyre est dans son cœur !

D'ailleurs, pourquoi vouloir analyser ce livre ?
Où retrouver l'écho de l'âme qui se livre
Tour à tour avec joie aux plaisirs, aux douleurs ?
L'esprit n'a-t-il pas vu se dresser cette image,
Quand le regard se voile en lisant une page
  Qu'il mouille de ses pleurs ?

Ah ! j'aurais aimé voir cette double tendresse
S'unir et se confondre en une même ivresse !

Quoi ! la santé, dit-on, passe avant le bonheur ?
Dieu relève et soutient l'amour qui s'abandonne,
Et, dût-on en mourir, quand on aime, on se donne,
  On se donne et l'on meurt !...

Mais qu'ai-je dit ?... Grand Dieu ! je le sens, je blasphème !...
L'amour, c'est le respect de la femme qu'on aime !...
Pardon pour le reproche et pour l'étrange mot !...
Ne sacrifions pas à l'amour la sagesse !
Car la mort, qui prend tout, beauté comme jeunesse,
  La mort vient assez tôt !

III

Et la mort, en effet, ne s'est pas fait attendre :
Un an s'est écoulé !... L'homme ne peut prétendre
A la réalité de l'éternel amour...
Raphaël, cependant, lorsque revint le jour
Qui pour lui ramenait un saint anniversaire,
Voulut revoir la plage et le roc solitaire
Où, le cœur palpitant, pour la première fois,
De son aimable amie il entendit la voix.

Hélas ! tout est changé ! Le brouillard de l'automne
Ceint toujours le rocher d'une froide couronne ;

La petite cabane et la meule de foin,
Dans l'ombre de la tour, s'aperçoivent de loin ;
Mais la demeure est vide et la rive est déserte,
Le seuil a disparu déjà sous l'herbe verte...
L'hirondelle elle-même a fui loin de son nid,
Qu'habite désormais un sombre oiseau de nuit.
A ces pressentiments l'âme en vain se refuse,
Il lui faut renoncer à l'espoir qui l'abuse...
Celle que Raphaël attend ne viendra pas :
L'amour n'arrache point une proie au trépas ;
Elle est morte là-bas, morte à la fleur de l'âge,
Morte sans avoir pu revoir le doux visage
De l'ami regretté qui l'attend vainement.
Quoi ! pas un souvenir, pas un mot, pour l'amant !
Hélas ! il est venu ce mot, mais qu'il est triste !
A de telles douleurs se peut-il qu'on résiste !
Ce mot, c'est celui-ci : « Je meurs, je meurs sans vous ;
Mais il est dans le ciel un dernier rendez-vous,
Où les cœurs séparés se retrouvent encore.
Si Dieu daigne éclairer d'une nouvelle aurore
Les âmes que la mort seule a pu désunir,
Vivez !... Moi, je vivrai dans votre souvenir.
Vivez ! Ne hâtez pas l'heure qui vient si vite,
Ne laissez pas le temps emporter dans sa fuite
Tout espoir de revivre en un monde meilleur ;
Vivez, et méritez, à force de douleur,
De revoir votre amie après tant de souffrance :

C'est du fond du malheur que surgit l'espérance. »
Raphaël obéit. L'amour avait vaincu !...
Hélas ! si vous saviez comment il a vécu !...

IV

Avez-vous vu, lecteur, à Florence ou dans Rome,
Un merveilleux portrait? C'est celui d'un jeune homme
Debout, mais appuyé sur le coude, et fixant
Vers le vague horizon un œil vif et puissant.
Sa bouche est triste et douce, et sa joue est pâlie;
Son teint, déjà plombé par le ciel d'Italie,
Dore, sans le charger de tons blafards et lourds,
De nuance de nacre une peau de velours.
Son nez mince, aquilin, a des reflets d'albâtre;
Sous un sourcil arqué, sa paupière bleuâtre,
Recouvrant à demi son œil doux, quoique fier,
Semble sous un nuage envelopper l'éclair.
L'azur d'un ciel foncé brille dans ses prunelles;
Son regard, aspirant aux voûtes éternelles,
Comme pour déchiffrer un sens mystérieux,
Sonde le firmament, interroge les cieux.
Sur le front mat et pur brille l'intelligence :
On y voit se trahir l'âme qui vit et pense.

La tête, un peu penchée, a sur le cou nerveux
En flocons ondoyants répandu les cheveux !
Ce portrait où la grâce est jointe à l'harmonie,
Cet œil, déjà rêveur, qu'enflamme le génie,
Ce front vaste et serein — oh ! quel art triomphant ! —
Pour tous, c'est le portrait de Raphaël enfant ;
Mais, pour l'observateur qui cherche et qui devine,
Ce n'est plus Raphaël, c'est déjà Lamartine.

V

Au milieu d'un bouquet de sombres noisetiers,
Où fleurissent parfois les libres églantiers,
Se dresse, sur le mont qui domine la plaine,
La tour que Raphaël garde pour tout domaine :
Séjour triste, isolé, débris du vieux château
Qui jadis couronnait la cime du coteau.
C'est là que, seul, en proie au mal qui le dévore,
Il succombe à demi, pour résister encore :
Vains efforts ! vain espoir ! Il souffre, et la langueur
De sa jeunesse étreint la suprême vigueur !
C'est là qu'enseveli dans une nuit profonde,
Il vit seul, éloigné de tous les bruits du monde,
Absorbé tout entier par les pensers du Ciel,

Il ne laboure plus l'humble champ paternel,
Il remplit les devoirs d'un vénérable prêtre.
Des enfants du village il s'est fait l'humble maître,
Les nourrit de son pain, les chauffe de son feu,
Leur montre la nature et leur parle de Dieu.
C'est là que l'étranger, sur la foi d'un vieux guide,
Pour revoir Raphaël monte d'un pas timide :
Il pénètre bientôt dans le triste manoir;
Il traverse à la hâte un long corridor noir,
Où loin de tout soleil l'humidité ruisselle,
Franchit le seuil brisé qui sous son pied chancelle,
Et cherche, sous les plis d'un front chauve et blêmi,
Les traits décomposés d'un malheureux ami.

Les murs sont élevés, la chambre est vaste et sombre,
Les angles sont obscurs; mais, pour dissiper l'ombre,
Une haute fenêtre aux losanges de plomb
Partage du soleil le lumineux sillon.
Deux grands fauteuils, débris d'une opulence antique,
Meublaient modestement cette salle gothique.
Puis une table offrait, sur des ais vermoulus,
Du pain, quelques papiers, des livres souvent lus.
Les briques du pavé, la haute cheminée,
Avec sa crémaillère en lance terminée,
Et le repas du soir qui murmure et qui bout
Sur un mince fagot qui brûle par le bout;
Du plafond dégradé les poutres enfumées,

De vieux coffres ouverts, des armoires fermées ;
Ces restes d'un passé dont s'est éteint l'orgueil
Respiraient la tristesse, et la mort, et le deuil.
Grâce au jour qui filtrait par la fenêtre ouverte,
Dans un angle on voyait, garni de serge verte,
Un grand lit à colonne, en vieux hêtre sculpté,
Sur lequel au hasard un drap était jeté.

Un jeune homme était là, vieilli par la misère.
Hélas ! en contemplant, à cette heure dernière,
Ces traits si fiers jadis, cet œil jadis si beau,
Où des saintes ardeurs rayonnait le flambeau,
Ce poétique front, jadis plein d'un doux charme,
L'étranger attendri sent couler une larme.
C'est bien lui ! car son cœur, jusqu'au dernier moment,
Ainsi qu'il a vécu, veut mourir en aimant !
Et près du triste lit, passereaux, hirondelles,
A l'ami qui s'en va sont demeurés fidèles :
Pour eux le moribond émiette avec amour
Une douce caresse avec le pain du jour.
« C'est vous, dit-il, amis ? Ma suprême journée
A de bons souvenirs peut donc être donnée !
Grâce à vous, mon trépas doit être exempt d'effroi.
Vous dirai-je le sort s'acharnant contre moi,
Ma vie à tous les vents dissipée et perdue,
Mes biens anéantis et ma maison vendue ?
Mes parents morts ? Julie ! ange par Dieu donné,

Puis repris? et moi-même à souffrir condamné
Jusqu'au jour bienheureux (seul espoir qui me reste !)
Où je m'envolerai vers le séjour céleste?
Cependant, croyez-moi, quand la brume du soir
Comme un voile de deuil entoure ce manoir,
Quand approche l'hiver, quand le vent monotone
Murmure tristement dans les feuilles d'automne,
Je me dis : Qui de moi se souviendra jamais?
Dois-je mourir, hélas! comme ceux que j'aimais,
Sans qu'un ami pieux visite au moins ma tombe,
Sans qu'un soupir s'élève ou qu'une larme tombe?
Sur mon marbre oublié qui pliera les genoux?
Et vous, petits oiseaux, qui prendra soin de vous?
Je ne serai plus là quand viendra la froidure :
Où donc chercherez-vous votre pauvre pâture?...
Je blasphème! J'ai tort, car, après mon trépas,
Dieu, qui m'appelle à lui, ne vous oubliera pas!
Pour vous, ami, voici ma suprême pensée :
Cette histoire au hasard sur le papier tracée,
C'est la mienne! Un doux nom la remplit jusqu'au bout.
Tenez, emportez-la ; quand vous aurez lu tout,
Vous pleurerez peut-être, et vous direz : Cet homme,
Traînant de tristes jours de la Savoie à Rome,
Fut bon, mais inactif, aimant, mais malheureux ;
Et mes amours passés, si vous pleurez sur eux,
Vous feront bénir Dieu, dont la main me délivre... »
Il dit, puis expira. Vous connaissez ce livre

D'où l'éternel amour, comme un parfum, sortait?...
Raphaël a dicté, Lamartine chantait!

VI

Chantez, poëte, amant de la grande nature!
Chantez le doux printemps, les champs et la verdure,
L'hirondelle, l'hiver, qui fuit rasant le sol;
La neige sur les monts, la fleur dans les vallées,
La nuit qui monte sombre aux voûtes étoilées...
    Chantez comme le rossignol!

Chantez le lac limpide aux ondes transparentes,
Et les vagues d'azur sur la grève expirantes,
Apportant à la rive un baiser du flot bleu;
Et l'algue du rivage, et la grotte discrète
Où le silence même émeut l'âme muette
    Qui s'élève, en priant, vers Dieu!

Chantez les cheveux noirs et le front pur d'Elvire,
La lèvre frémissante où fleurit le sourire,
Et le regard humide et serein tour à tour;
Dites de Jocelyn la touchante épopée;
Chantez du cœur humain la tendre mélopée,
    Et l'hymne éternel de l'amour!

Mais si, foulant aux pieds les palmes poétiques,
Vous allez demander aux luttes politiques
La gloire que promet la popularité,
Vous serez entraîné vers un abîme sombre,
Et, bientôt terrassé, vous grossirez le nombre
    Des martyrs de la Liberté.

La Muse aime le calme et l'ombre solitaire :
Elle craint les fureurs de l'hydre populaire,
Et, comme le cheval piqué par l'éperon,
Qui hennit contenu par un frein qui l'indigne,
Elle n'a plus de voix que pour le chant du cygne,
    Lorsque s'éveille le clairon.

Le peuple enthousiaste a de folles ivresses :
Il promet ses faveurs, ses bravos, ses caresses
Au défenseur ardent et providentiel
Qui, pour le faire heureux, vers le progrès le guide;
Mais, dans la coupe d'or où boit la lèvre avide,
    Au nectar succède le fiel.

Athènes, le berceau des dévouements civiques,
Gardait pour récompense à ses fils héroïques
L'ostracisme et l'exil, la mort ou la prison.
Victime dévouée au nouveau Minotaure,
Miltiade, est-ce assez ?... Non : il lui faut encore
    Socrate, Aristide et Cimon !

Imitateur bâtard de l'injustice antique,
Ce peuple a des élans d'ardeur patriotique,
Et sous un masque en vain cache son front pâli ;
La France d'un long joug a gardé l'habitude ;
La force manque même à son ingratitude :
    Son ostracisme, c'est l'oubli.

. . . .

Lui, dès qu'il fut rendu, nouveau Cincinnatus,
Au culte du foyer et des humbles vertus,
Il ne regretta pas l'éphémère puissance.
De Milly, de Monceaux, il est la providence :
Quand l'année est mauvaise et le pressoir sans vin,
Le vigneron n'a plus à redouter la faim.
L'étranger, le proscrit, jour et nuit, à toute heure,
Trouvent un bon accueil au seuil de sa demeure ;
Ils savent qu'en ces murs la sainte charité
S'exerce sous le nom de l'hospitalité ;
Et le pauvre honteux, venu baissant la tête,
S'en retourne emportant une aumône discrète.
C'est encor, n'est-ce pas ? un rôle noble et pur,
Et qui n'est pas moins grand pour être plus obscur ;
Mais, hélas ! au milieu des luttes de tribune,
Lamartine a souvent oublié sa fortune,
Et, les pauvres aidant, il ne lui reste rien.
Hélas ! il ne peut plus même faire le bien.
Athène aurait jadis, pour mieux lui rendre hommage,

Au poëte indigent ouvert l'aréopage;
A Rome, avec orgueil, le peuple et le sénat
Eussent mis à ses pieds les trésors de l'État...
En France qu'a-t-on fait? Sous la forme banale
D'une souscription dite nationale,
Chacun jette à celui qu'il s'en va décriant
L'aumône qu'il aurait donnée au mendiant.
Honte sur ce pays inconstant et vulgaire,
Qui marchande aujourd'hui l'obole à Bélisaire !
Ce n'est pas tout encor ! Le vieil esprit gaulois
N'a pas même épargné le malheur cette fois :
Il exerce à tout prix sa verve satirique.
Lamartine a pleuré son foyer domestique :
Eh bien, le ridicule atteindra ses regrets !
On raille sans pudeur les antiques chenets
Auprès desquels ses chiens, le soir, couchés dans l'ombre,
Suivent d'un œil ami son regard triste et sombre.
Ah ! ceux qu'a divertis cette lâche gaieté
En rendront compte, un jour, à la postérité !

VII

Oui, la postérité plus tard doit tenir compte
A ceux-ci de la gloire, à ceux-là de la honte !

L'avenir, qui promet des autels au passé,
Fera dans sa clarté rayonner la justice ;
Aux martyrs il payera le prix du sacrifice
    Et du sillon qu'ils ont tracé !

A ceux dont le présent a défloré la gloire
Les siècles garderont un vengeur : c'est l'histoire !
Lamartine a des droits à l'immortalité !
Les noms que l'univers doit redire à la ronde,
Ce sont les noms de ceux qui donnèrent au monde
    Les drapeaux de la Liberté !

Du lointain avenir la justice immuable
Aura son monument, plus que l'airain durable [1],
Où des peuples, un jour, religieusement
Viendra s'agenouiller la pieuse cohorte ;
Mais aujourd'hui déjà l'humble poëte apporte
    Son grain de sable au monument.

1. *Ære perennius* (Hor.)

LA SENSITIVE

A SAINTE-BEUVE

De mai les brises embaumées
Soufflent après un long hiver,
Et leurs haleines parfumées
Font éclore mes fleurs aimées
Dans mon jardin devenu vert.

La violette la première
Du printemps chante le réveil,
Et la nature tout entière
S'abandonne, amoureuse et fière,
Aux tièdes baisers du soleil.

Hier pourtant, triste et souffrante,
Luttant contre le souvenir,
Moi, j'assistais indifférente
A cette promesse enivrante
Du doux été qui va venir.

Et quand sous la jeune feuillée
Les oiseaux déjà revenus
Chantaient... moi seule, désolée,
Je suivais mon âme envolée
Vers des rivages inconnus.

Que ma rêverie était douce!
Mes yeux erraient, inattentifs,
Du vieux toit verdi par la mousse
A la ravenelle qui pousse
Au bord des odorants massifs.

Mais voici que, belle et pimpante,
Comme une étoile dans l'azur,
M'apparut une fleur grimpante,
Dont la tige croît et serpente
Dans les crevasses du vieux mur!

Elle dressait son pur calice
Sur un fût droit comme un roseau,
Et sa corolle large et lisse,

Sans que rien la gêne ou la plisse,
S'arrondissait comme un arceau.

La fleur, hier épanouie,
Resplendissait dans sa blancheur ;
La vue en était éblouie,
Et l'âme y trouvait, réjouie,
Un peu de calme et de fraîcheur.

Une larme de la rosée,
Traçant son humide sillon,
Sur le pistil s'était posée,
Et s'agitait là, caressée
Par un fécond et chaud rayon.

Pour cueillir cette fleur si belle,
Ma discrète main s'avança,
Lorsque, m'effleurant de son aile,
Enfant de la saison nouvelle,
Un papillon me devança.

Qu'il était brillant! Sur sa tête,
Hardie et libre en son essor,
Se balançait la double aigrette;
Sa robe nacrée et coquette
Avait le vif éclat de l'or.

Ses larges ailes déployées,
Brunes avec un reflet vert,
Et de jaunes taches striées,
Avaient les flammes variées
De l'étincelle qui fend l'air.

Ivre de vie et de lumière,
Que cet insecte était heureux!
Il voltigeait, la mine fière,
Se dandinant à la manière
D'un poëte ou d'un amoureux.

Il effleura ma main brûlante,
Et, glissant à travers mes doigts,
Comme une perle étincelante
Se posa sur la fleur tremblante
En maître jaloux de ses droits.

Sur la corolle ainsi froissée
Un frisson me sembla courir :
Sous ce léger poids affaissée
On eût dit une âme blessée
Qui comprend qu'elle va souffrir.

Mais le papillon, tête folle!
Ne vit pas ce frémissement;
Comme un frelon dans l'alvéole,

Sur la virginale corolle,
Il s'étala nonchalamment.

Il prit à la fleur offensée
Pollen et parfum précieux,
But à la goutte de rosée,
Et puis, son aile reposée,
Il repartit insoucieux.

La fleur, repliant son calice
Tout à l'heure frais et charmant,
Sur sa tige vivace et lisse
Se pencha, comme un froid cilice,
Et se fana soudainement.

« Hélas ! me dis-je alors pensive,
C'est toujours le même sillon
Qu'il faut que l'on creuse ou qu'on suive.
Tout meurt, comme la sensitive,
Sous les baisers du papillon !

« L'amour, cette éphémère flamme,
Dévore et parfum et bonheur;
Puisqu'en passant il brûle l'âme,
Faut-il que le cœur de la femme
Meure de même que la fleur ? »

Pourtant des brises embaumées
Soufflent, après un long hiver,
Et leurs haleines parfumées
Font éclore mes fleurs aimées...
Mon beau jardin est déjà vert!

L'AMOUR

Amour! soleil tombé du paradis céleste!
Ah! dis-moi s'il existe une plage funeste
Où mes regards, ouverts à la flamme du jour,
Puissent se dérober à tes rayons de flamme?
Apprends-moi s'il existe un monde, un peuple, une âme,
Qui n'ait de foi dans Dieu, ni d'hymne pour l'amour?

Amour! dis-moi s'il est seulement sur la terre
Un désert, un abîme, un rocher solitaire,
Où tu n'élèves point ton autel ou ton nid?
Puis-je sous quelques cieux porter ma rêverie
Sans respirer ta fleur et vivre de ta vie,
Sans te trouver partout où le Seigneur bénit?

Où pleure la rosée, où le vent tourbillonne,
Où s'écoule le flot, où le soleil rayonne,
Oui, l'Amour est partout, répandu sous le ciel !
Et là même où les flots et les vents s'affaiblissent,
Où se fanent les fleurs, où les astres pâlissent,
L'Amour est encor là, — comme un ange immortel !

J'ai passé dans les bois où le feuillage tremble,
Et les grands arbres verts faisaient monter ensemble
Leurs baisers frissonnants vers le ciel radieux.
Sous les chênes touffus ou sous les vieux érables,
J'écoutai des oiseaux les concerts innombrables...
C'est l'Amour qui dictait leurs chants mélodieux !

Je parcourus la plage où l'écume blanchie
Du joug de l'Océan se déroule affranchie ;
Je retrouvai l'Amour dans le baiser des flots ;
Et les fleurs s'inclinaient sur l'océan immense,
Et l'algue se tordait sous la houle en démence,
En chuchotant d'amour aux pieds des matelots !

Je sondai du regard l'abîme inaccessible
Où l'infini commence, où Dieu semble visible
Sur un trône étoilé... — D'une poussière d'or
Les cieux étincelaient... Les mondes, avec grâce,
L'un par l'autre attirés, se mouvaient dans l'espace...
C'était la loi d'amour qui réglait leur essor.

Alors je contemplai la terre vaporeuse.
Une femme était là, souriante et rêveuse :
Elle avait dans ses yeux tous les bleus firmaments,
D'amoureuses senteurs semblaient émaner d'elle,
Des soleils inconnus éclairaient sa prunelle...
Ils brûlèrent mes yeux de leurs rayons aimants.

Radieuse, et pourtant éblouie, aveuglée,
Je penchai doucement ma poitrine gonflée,
Et sentis qu'elle était débordante d'amour ;
Et ces mille reflets que j'avais vus naguère
L'un l'autre dispersés, au ciel et sur la terre,
Mon cœur, miroir ardent, les dardait à son tour.

C'est pourquoi je voudrais bien savoir où mon âme
Pourrait tourner les yeux, Amour, sans voir ta flamme,
Et s'abreuver encor sans goûter à ton miel !
Car je te porte en moi comme un trésor suprême !
Le chant suit le poëte, et tu me suis de même
Dans la nuit de la tombe et dans l'azur du ciel !

L'ANGE GARDIEN

L'ingrat ne m'aime plus ! J'avais avec ivresse
Partagé les transports de sa vive tendresse.
Hélas ! ce cœur léger, vers une autre emporté,
M'abandonne à jamais !... En ce moment suprême,
Pour lui cacher du moins combien encor je l'aime,
      Reviens, reviens, ô ma fierté !

Le bonheur a fait place à la douleur amère :
A quoi bon désormais poursuivre une chimère ?
A quoi bon exhaler des regrets superflus ?
A la voix qui le prie, à l'amour qui l'implore,
Je ne puis espérer de ramener encore
      L'inconstant qui ne m'entend plus !

Fierté, dernier asile et refuge des âmes,
Soutien des cœurs brisés, providence des femmes,
Donne-moi, pour le fuir, ta force et ta vertu !
Lorsque j'invoque, hélas ! le dédain, la colère,
Prête-moi contre lui ton appui tutélaire !...
  Quoi ! déjà m'abandonnes-tu ?

Si tu ne réponds pas à mes plaintes stériles,
Si tu laisses couler mes larmes inutiles,
Tu me punis, hélas ! et je l'ai mérité :
Car l'amour me possède encore tout entière,
Et quand je veux rester indifférente et fière,
  Mon cœur trahit ma volonté.

Qu'il paraisse, l'ingrat ! qu'un instant je le voie !
Ma douleur se dissipe et fait place à la joie.
D'un tremblement soudain mon cœur est agité,
Des mots entrecoupés se pressent sur ma bouche ;
S'il m'effleure en passant, ou si sa main me touche,
  Je frissonne de volupté !

Ah ! du passé perdu si, retrouvant la route,
Je pouvais espérer qu'il revienne et m'écoute,
J'irais lui demander, à genoux, son amour ;
Je lui dirais : « Rends-moi, par pitié, ta tendresse !
Rends-moi de tes baisers la brûlante caresse !
  Aime-moi !... ne fût-ce qu'un jour ! »

L'ANGE GARDIEN.

Mais, non, non... je m'abaisse... Oh! c'est assez de honte!
Un calme bienfaisant, qui jusqu'à mon front monte,
Va rendre mon visage à la sérénité :
D'un véritable amour mon amour était digne,
Mais, plutôt que rougir encor d'un choix indigne,
      Reviens, ô ma chère Fierté !

Gardienne par le ciel préposée à ma garde,
Empêche-moi de voir l'éclair que son œil darde !
Fierté, ne laisse pas mon âme se troubler !
Chasse bien loin de moi la trompeuse espérance,
Et lorsque je tressaille, émue, en sa présence,
      Défends à mon cœur de parler ?

La paix, — c'est grâce à toi ! — dans mon sein va renaître.
Réveille mon orgueil, ma colère ! — et peut-être
Ta voix et tes conseils le feront oublier !
Tes leçons autrefois ont guidé ma jeunesse...
Viens, je t'écoute encor : car je dois sans faiblesse
      Souffrir, mais non m'humilier !

Eh quoi ! je prie en vain : tu restes impuissante,
Et tu n'as pas rendu mon âme obéissante ?
Chassant les souvenirs de mon rêve effacé,
C'est en vain que je cherche en toi ma sauvegarde !...
Ah ! laisse-moi, du moins, au monde qui regarde
      Cacher mon amour insensé !

Que l'ingrat surtout croie à mon indifférence !
Qu'il ne soupçonne pas mon intime souffrance !
Et, quand je cherche encor les horizons perdus,
Mets la joie à ma joue, à ma lèvre un sourire;
Qu'il puisse, en me voyant passer heureuse et rire,
  Penser que je ne l'aime plus !

Nos aïeux au précepte ont mêlé les exemples :
Les vertus des héros par eux ont eu des temples,
Pour marquer son chemin à leur postérité.
Oh ! va, si maintenant tu fais que je l'oublie,
Mon cœur consacrera son ardeur et sa vie
  A ton culte, sainte Fierté !

Est-il certain, d'ailleurs, que ce soit lui que j'aime ?
Je l'ai cru... Mais déjà je doute de moi-même.
N'ai-je pas, pour du miel, bu le poison amer?
Aveuglée et cédant au penchant qui l'entraîne,
La femme, sous les fleurs, touche ou serpent ou chaîne..
  Qu'importe? elle a besoin d'aimer !

Et c'est pour cet ingrat que, moi jadis si fière,
J'ai flétri de mes pleurs ma joue et ma paupière !
Ah ! vraiment, je suis folle !... et la réalité
Vient enfin mettre un terme à mon douloureux rêve.
Le voile est déchiré, mon âme se relève...
  Je te retrouve, ô ma Fierté !

LES CONFIDENCES

UN SOIR D'HIVER

*Suzette et Lisette travaillent au coin du feu ;
Frisette feuillette un livre.*

FRISETTE, *fermant son livre.*

Je me lasse, à la fin, de lire des romans ;
Toujours des chevaliers vertueux et fidèles,
C'est ennuyeux !... Si vous voulez, mesdemoiselles,
Nous causerons un peu, ce soir, de nos amants?

LISETTE.

Vous avez la parole un peu leste, ma chère ;
Vous pourriez bien ici ne parler que pour vous?...
Qui donc a des amants, de nous trois? Entre nous,
Ce n'est certes pas moi, ni Suzette, j'espère.

FRISETTE.

La!... la!... ne prenez pas ce ton majestueux!...
J'ai dit : « Nos amants! » Vrai?... Mais c'était par mégarde.
Je parlais de celui que nous aimons le mieux,
Et tout autant que moi l'affaire vous regarde.
Vous avez bien, je crois, quelque discret ami?...

SUZETTE.

Sans doute!

FRISETTE.

Voyez-vous! elle au moins, la petite,
Elle est franche, et, malgré son maintien endormi,
Elle sait qu'à seize ans l'amour au cœur vient vite.

LISETTE.

Ah! si vous me parlez d'un noble sentiment
Qu'à soi-même tout bas une femme s'avoue,
Qui ne fait pas monter la rougeur à la joue,
Je puis aimer quelqu'un, mais je n'ai pas d'amant.

FRISETTE.

Bah! c'est la même chose, à peu près, je vous jure.
Ainsi, ne jouons pas plus longtemps sur les mots.
Celui que vous aimez?...

LISETTE.

Il est beau; sa figure,
Qu'encadrent des cheveux qui retombent à flots,

Est rêveuse, à la fois fière et mélancolique;
Il a de blanches dents, le regard poétique,
La voix persuasive et le front inspiré.

SUZETTE.

Mon promis a l'œil noir et le teint coloré;
Il est grand, bien bâti; sur sa robuste épaule,
Sans peine et sans effort, il porte un sac de blé.

FRISETTE, *riant*.

Laissez-moi rire un peu, car c'est vraiment trop drôle
Qu'il ait ainsi charmé son cœur émerveillé.

SUZETTE, *piquée*.

Riez de mon amant; moi, je rirai du vôtre.

FRISETTE.

Il ne ressemble pas à certain bon apôtre,
Qui d'un manteau d'emprunt se couvre impudemment.
Il est franc et loyal : le voir, c'est le connaître.
Il respire la joie et le contentement,
Car c'est pour le plaisir que le Ciel l'a fait naître.
Toujours en mouvement, toujours leste et joyeux,
Les larmes n'ont jamais, je crois, mouillé ses yeux,
Et sa vie est enfin un long éclat de rire.
Sans faire son portrait, je me borne à vous dire
Qu'il n'est ni brun ni blond, plutôt petit que grand;
C'est un gentil garçon, un cavalier... passable.
Son mérite, à mes yeux, c'est qu'il est fort aimable.

LISETTE.

Tu ne sais pas, Frisette, à quel charme enivrant
Cède le cœur humain, lorsque la poésie
Lui fait boire à longs traits sa divine ambroisie!
Mon Arthur est poëte, il me lit ses doux vers;
Près de lui, l'œil fixé sur l'éternelle voûte,
Je crois voir s'entr'ouvrir le ciel quand je l'écoute...
Ainsi nous oublions ensemble l'univers!

FRISETTE, *bas à Suzette.*

Je comprends à présent, ou plutôt je devine
Pourquoi Lisette ici prend des airs de Corinne.

SUZETTE.

Nicolas, je l'avoue, est moins sentimental ;
Mais le dimanche soir, quand il arrive au bal,
Chez nous plus d'une fille admire sa tournure,
Et, la danse finie, on est, je vous le jure,
Fière de s'en aller suspendue à son bras.
Les autres en chantant éveillent la vallée :
Nous, marchant doucement derrière la saulée,
Nous nous donnons la main et nous parlons tout bas.

FRISETTE.

On peut s'aimer ainsi sans doute à la campagne,
Mais à Paris, ma chère, on est moins innocent.
Mon bien-aimé Léon est vif et turbulent ;
Il aime le plaisir, le bruit et le champagne :

La bruyante gaieté, voilà son élément.
C'est quand le vin murmure et pétille en son verre
Qu'on peut apprécier son charmant caractère ;
Il sait, gai boute-en-train, mêler adroitement
Le refrain égrillard à la chaste romance ;
Et, le repas fini, lorsque parfois on danse,
On fait cercle à l'entour, et bientôt chacun dit
En le voyant polker : « Bravo ! c'est *Brididi !* »

LISETTE.

Un soir je revenais seule et triste d'Asnière ;
Je marchais à grands pas le long de la rivière
Pour arriver avant la nuit close à Paris,
Quand je l'ai rencontré... Sa démarche incertaine,
Son regard doux et fier, m'ont révélé sans peine
Ce que souffrait tout bas le poëte incompris.
On est bien vite amis quand la douleur rassemble !
Nous avons, en causant, fait le chemin ensemble ;
Puis, lorsqu'il a fallu nous quitter, son adieu
M'a laissé deviner un amoureux aveu.
Or, depuis ce jour-là, quand sur le ciel sans voiles
Côte à côte je vois scintiller deux étoiles,
Je suis, par nos pensers unis au firmament,
A mon poëte aimé, qui n'est pas mon amant.

SUZETTE.

Mon histoire est plus simple encore. Après vendanges,
Quand chez nous on commence à veiller dans les granges,

Nicolas, certain soir, s'est assis près de moi ;
A voix basse il m'a dit : « Des filles du village
Pour épouse je veux, Suzette, la plus sage ;
Et celle-là, vois-tu, je crois bien que c'est toi.
Dis un mot, chère enfant, et tu seras ma femme ! »
Je l'écoutais parler, ravie au fond de l'âme ;
Mon cœur battait bien fort... Je lui dis : « Nicolas,
Il faudrait une dot, et moi je n'en ai pas. »
Mais lui me répondit avec une voix tendre :
« Gagne-la, cette dot !... Je te promets d'attendre. »
Je l'ai laissé me prendre un baiser en partant ;
Puis, quittant le hameau pour venir à la ville,
J'ai mis mon espérance au bout de mon aiguille.
Je travaille, et je sais que Nicolas m'attend.

FRISETTE.

Moi, j'ai connu Léon... une nuit de folie :
C'était, s'il m'en souvient, au bosquet d'Idalie,
Ou bien à l'Opéra... Non, c'était au Prado.
Le frénétique archet de monsieur Pilodo
Avait communiqué son ardeur aux quadrilles ;
Masques, étudiants et folles jeunes filles
Dansaient à grand renfort de cris et de bravos ;
Le carnaval, enfin, agitait ses grelots.
En ce lieu je ne sais comment j'étais venue ;
J'eus peur, je voulus fuir : Léon m'a retenue ;
Sans cesser de danser, il me prit dans ses bras,
Et me dit : « Je vous aime ! » entre deux entrechats

LISETTE.

Vous fûtes donc toujours une franche étourdie ?

FRISETTE.

Bon ! je n'ai jamais, moi, joué la comédie.

LISETTE.

Que je voudrais vous voir, auprès de mon Arthur,
Savourer le bonheur d'un amour chaste et pur !
Son pathétique accent, sa parole de flamme,
Aux instincts généreux réveilleraient votre âme,
Et les bons sentiments, devenus familiers,
Vous feraient remonter à la source céleste,
Pour y puiser l'horreur de ces plaisirs grossiers...

FRISETTE.

Assez prêché ! Lisette, épargnez-moi le reste.

SUZETTE.

Celui qui doit un jour être notre mari
Peut seul nous inspirer un sentiment honnête.
Quoique de Nicolas notre Frisette ait ri,
Quoiqu'il ait encouru le dédain de Lisette,
Je déclare et prétends qu'à lui seul il vaut mieux,
Comme homme et comme amant, que vos deux amoureux.

FRISETTE.

Pour le coup, c'est trop fort ; vous m'échauffez la bile.
Je voudrais que Léon pût venir quelque jour

Vous conter en riant ses gais propos d'amour !
Lisette au cœur ardent, Suzette la tranquille,
Changeraient promptement d'avis en l'écoutant,
Et, malgré vos grands airs et vos belles paroles,
Peut-être comme moi vous en seriez folles,
En comprenant alors ce que vaut mon amant.

LISETTE.

Çà, cessons ce débat. Voici qu'il est dix heures ;
Il nous faut sans retard regagner nos demeures.
Suzette, venez-vous?...

SUZETTE.

Partons, je le veux bien...
Mais vos amis — j'y tiens ! — ne valent pas le mien.

FRISETTE.

Bah ! Lisette a raison : discuter davantage,
A quoi bon ? Mettons fin à notre différend ;
Embrassons-nous, et puis n'oublions pas l'adage :
« L'homme le plus parfait, c'est toujours notre amant. »

UN ENFANT

A MADAME JEANNE JOUSSELIN

Rêve d'un cœur épris et d'une âme jalouse,
Désir inassouvi, qui de la jeune épouse
Dans les veines en feu fait circuler le sang!
Être heureuse deux fois, deux fois vivre!... Un enfant!
Rêve aujourd'hui, demain réalité peut-être :
Car mille âmes au ciel n'attendent plus, pour naître
Dans un corps rose et frais comme un bouton de fleur,
        Qu'un mot du Créateur!

Un enfant! Que de fois ma pensée inquiète,
Le soir, au bord du lac, sous la roche discrète,
Évoqua la voix frêle et les baisers joyeux
  D'un petit être aimé, d'un ange aux blonds cheveux!

Que de fois, caressant dans ma joyeuse ivresse
Ce trésor idéal d'une folle tendresse,
Mère par la pensée, à genoux dans ce lieu,
    J'ai dit : « Merci, mon Dieu ! »

Je rêvais pour mon fils honneurs, gloire, génie ;
Une vie au grand jour, par nulle ombre ternie !
Et j'oubliais alors, dans mon naïf orgueil,
Sur la route brillante et la lutte et l'écueil !
J'oubliais que ces biens, qu'aux heureux on envie,
Souvent glacent le cœur et flétrissent la vie ;
Et je faisais tout bas ainsi des songes d'or,
    Sans être mère encor !

Rêve de mon bonheur ! Illusion rapide !
Mes yeux se sont ouverts, et dans l'azur limpide
Je n'ai plus distingué que les oiseaux bénis,
Qui vont chercher la feuille et l'herbe pour leurs nids ;
Je les suivis longtemps dans leur course incertaine,
Pour les voir, au retour du bois ou de la plaine,
Rejoindre leurs petits, qui, bruyants au réveil,
    Chantent le gai soleil !

Que de fois, revenant plus triste en ma demeure,
Quand du repos le soir avait ramené l'heure,
J'ai vu près du foyer, sous le chaume attablés,
De beaux enfants s'offrir à mes regards troublés !

Leur voix disait : « Ma mère ! » et la pauvre glaneuse,
Qui revenait des champs, me paraissait heureuse !
Et la nuit, mon esprit poursuivait confondus
    Mes beaux rêves perdus !

Pourtant, j'ai de l'enfant vu l'âme fugitive
Hésiter, prête à fuir, sur sa lèvre plaintive ;
J'ai vu la mère en pleurs et le brûlant baiser
Que sur ce front fiévreux elle allait déposer !
J'ai compris à mon tour ses mortelles alarmes ;
Je me suis dit, mêlant mes larmes à ses larmes :
« Un enfant fait aimer tout, même la douleur
    Qui déchire le cœur ! »

Oh ! c'est alors qu'on sent s'accroître le courage !
D'énergie et de force un enfant est le gage !
Un enfant, doux espoir de l'époux bien-aimé !
C'est de deux cœurs unis le miroir animé ;
C'est un bouton de mai, né d'une double sève,
Le passé qui sourit, l'avenir qui se lève,
L'aube aux rayons voilés qui promet un beau jour,
    C'est le lien d'amour !

. . . .

J'ai prié... Le Seigneur a béni ma prière ;
Notre enfant !... Je l'ai là, sur mon sein !... Je suis mère...

Je devine déjà ses traits confus encor...
Et, quand à ma chanson doucement il s'endort,
Fière, je le regarde, et souvent il me semble
Que des traits paternels je retrouve l'ensemble...
J'aime encor plus le père alors, en présentant
    A ses baisers l'enfant.

AMANTE ET MÈRE

Doux espoir! Hôte aimé de mon cœur frémissant,
Qui mêles à ma joie une douleur amère,
Tu n'es donc plus un rêve!... Hélas! Dieu tout-puissant,
    C'est donc vrai!... Je suis mère!

Je suis mère!... et déjà dans mon sein agité
Quand je sens s'éveiller une seconde vie,
Je pleure et je maudis cette fécondité,
    Objet de mon envie.

Un enfant! vision, rêve de chaque jour!
Promesse de bonheur! sainte union des âmes!
Ciel entr'ouvert aux feux d'un mutuel amour,
    Et paradis des femmes!

Pour d'autres ce serait le gage d'avenir,
Qu'escorte du passé le radieux cortége :
Il ne m'apporte à moi que honteux souvenir,
  Blasphème et sacrilége !

Un infidèle amant qui rit de mes douleurs
Torture sans pitié mon âme à l'agonie !
L'ingrat, de son amour, qu'il perd et jette ailleurs,
  M'a donné l'ironie.

O vous, qui de là-haut, Seigneur, Dieu de bonté,
Entendez ma prière et voyez mon supplice !
Je le demande en pleurs : de la maternité
  Éloignez le calice.

Espoir des délaissés, Seigneur, protégez-moi !
Laissez monter vers vous le cri de ma détresse ;
Daignez, en me rendant l'espérance et la foi,
  Secourir ma faiblesse !

Mais pourquoi tout à coup le chagrin triomphant
S'éloigne-t-il devant un retour de tendresse ?...
C'est que j'ai vu là-bas un jeune et bel enfant
  Qu'un doux regard caresse !

Pressant contre son sein cet ange aux cheveux d'or,
Comme l'oiseau qui tient ses petits sous son aile,

La femme aime à bercer le nourrisson, qu'endort
    La chanson maternelle!

L'époux, debout auprès de ce groupe charmant,
Qui pour lui du bonheur est le gage et l'emblème,
Sent et l'orgueil du père et l'ardeur de l'amant,
    En voyant ceux qu'il aime.

Hélas! ce doux tableau, qui fait bondir mon sein,
Voile d'un nouveau deuil ma destinée amère;
Je ne suis pas aimée, on me voue au dédain;
    Et pourtant je suis mère!

Eh bien! non, je suis forte!... Au découragement,
Au sombre désespoir, à la plainte, au blasphème,
Je ferai succéder un meilleur sentiment :
    Viens, mon enfant, je t'aime!

Tu t'agites déjà dans mon sein frémissant;
Le jour où tu naîtras, jour béni que j'espère,
Je serai consolée, heureuse... En t'embrassant,
    Va, j'oublierai ton père!

O doux enfant aimé, quand tu verras le jour,
Mes baisers sur ton front, incessante caresse,
Iront chercher l'oubli des maux.... Un autre amour
    Me rendra son ivresse!

Et le soir, quand, vers moi tendus, tes petits bras
Demanderont l'appui qu'une mère offre et donne,
Avant de t'endormir, cher trésor, n'est-ce pas ?
   Tu me diras : « Pardonne ! »

A ce mot de pardon, malgré moi j'ai souri...
Viens donc, ange espéré, mon seul amour sur terre,
Viens donner le bonheur, la joie, hôte chéri,
   Au foyer solitaire !

Enfant, viens, je t'attends !... J'ai chassé loin de moi
Larmes et désespoir, regret, pensée amère,
Car l'amour envolé va renaître avec toi ;
   Viens... Je veux être mère !...

LE FILS DE THÉMISTOCLE

Un jour, en désignant son fils,
Enfant gâté de la plus rare espèce,
Thémistocle disait avec un fin souris :
« Voilà pourtant l'arbitre de la Grèce ! »
On s'étonnait.
« Il l'est, dit-il, je le soutiens.
— Eh ! comment ?
— A ses vœux il enchaîne sa mère,
Qui me fait l'esclave des siens,
Et je régis, moi, les Athéniens,
Qui régissent la Grèce entière ! »

Il disait vrai, l'illustre père !
Souvent les plus débiles mains
Sont les pilotes des empires.
Heureux encore les humains
S'il n'en était jamais de pires !

PRIÈRE DES ENFANTS CRÉTOIS

Le ciel est noir, voici l'orage!
Nous avons froid, nous avons faim :
Aux orphelins, gens du village,
Donnez, donnez un peu de pain!

Les méchants Turcs ont tué notre père;
De nos foyers ils ont éteint les feux;
On nous poursuit, et notre pauvre mère
Erre là-bas, s'arrachant les cheveux.

Oh! qu'il fait froid sur la grande montagne,
Sous les rocs noirs qui nous servent d'abris!

Nous grelottons lorsque dans la campagne
Nous hasardons nos pieds endoloris !
 Le ciel est noir, etc.

Depuis hier, fuyant à l'aventure,
A demi morts, sans boire ni manger,
Nous n'avons eu pour tout nid que la dure,
Auprès du chien de notre vieux berger.

Ma pauvre sœur et mon cher petit frère,
Par quel moyen pourrai-je vous nourrir,
Moi, désormais, qui serai votre père ?
Bons habitants, laissez-vous attendrir !
 Le ciel est noir, etc.

Nos pieds glacés enfoncent dans la neige,
Et dans nos yeux le froid gèle nos pleurs !
De quel côté nous diriger ? Que sais-je ?
Il fait peut-être encor plus froid ailleurs !

Déjà mourir ! C'est bien triste, à notre âge !
Et puis servir de pâture aux corbeaux !
Nous qui croyions que, dans notre village,
Le gazon vert couvrirait nos tombeaux !
 Le ciel est noir, etc.

Pas de réponse, et toujours de la neige...
Ma sœur ! mon frère... ah ! vous ne parlez pas !

Vous essuyez vos larmes... Que ferai-je ?...
Pauvres petits, venez entre mes bras!

Mais, à mon tour, la fatigue m'accable,
Ma voix s'éteint et je ferme les yeux...
Daignez ouvrir l'écurie ou l'étable
Aux trois enfants dont je suis le plus vieux !
  Le ciel est noir, etc.

Je me souviens qu'à la fin de l'automne
Un vieux derviche a passé par ici ;
Il parlait grec, et, d'un ton monotone,
Comme un rhapsode il a chanté ceci :

« Sachez, raïas, que le maître du monde,
C'est le sultan, commandeur des croyants!
Les autres rois pâlissent à la ronde
Devant l'éclat de ses yeux flamboyants!

« Un jour que l'un de ces chiens d'infidèles,
De son pays Empereur, Scheck ou Roi,
Osa lever les étendards rebelles
Et refusa d'obéir à la loi,

« Le Sultan dit : « Mon invincible armée
« N'a pas besoin de déployer ses rangs...
« Faites venir, pour punir ce pygmée,
« La femme anglaise et le pacha des Francs. »

« A cet appel, tous deux, pleins d'allégresse,
Le glaive en main, avec empressement,
Vinrent baiser la main de Sa Hautesse,
Qui leur laissait l'honneur du châtiment.

« Pendant longtemps il se fit une guerre
Dont vos enfants se souviendront encor ;
Les souverains de France et d'Angleterre
Ont perdu là leurs soldats et leur or !

« Gloire au Sultan, descendant du Prophète,
Dont le pouvoir sur terre est infini !
C'est à sa voix que justice fut faite,
Que l'empereur des Russes fut puni !

« Allah ! Eckber ! Sa puissante main donne
Tout ce qui fait le bonheur des humains,
La gloire, l'or, le sceptre, la couronne,
Fiers attributs des autres souverains !

« Il est puissant ! d'un regard il enflamme
Le toit de chaume et les nobles palais !
Si sur leur trône il a mis une femme,
C'est pour punir les orgueilleux Anglais ! »
  Le ciel est noir, etc.

Je le vois bien à présent, le derviche
Avait raison, puisque, malgré nos pleurs,

La grande Europe, où tout le monde est riche,
Ne porte pas secours à nos malheurs!

Mais la nuit vient, et personne ne passe;
Il faut ici nous endormir tous trois...
Vous frissonnez, et moi... mon sang se glace!
Embrassons-nous une dernière fois!
    Le ciel est noir, etc.

Les trois enfants alors s'entrelacèrent
Comme un faisceau qu'on ne peut délier,
Et sur la neige ensemble se couchèrent,
Ne devant plus, hélas! se réveiller.

Qu'il n'en soit pas ainsi, Grecs, de votre patrie
Expirante : elle dort d'un funèbre sommeil;
Mais elle rêve encor, sanglante, endolorie,
D'un autre Marathon le glorieux réveil!

AUX HOMMES

On nous dit : « Loin de vous la lyre poétique,
Femmes ! gardez en vous de votre âme pudique
    Les mystères harmonieux :
    L'homme en des rimes cadencées
    Doit seul traduire ses pensées
Et permettre à son front le laurier glorieux. »

Je ris de ce conseil. — Vous avez la puissance,
Hommes, mais nous avons l'esprit et l'élégance ;
    Si vous nous faites le procès
    Quand nous nous avisons d'écrire,
    On sait bien ce qui vous inspire :
Vous êtes envieux, jaloux de nos succès.

En cet art gracieux qu'on nomme poésie,
Des femmes, en tout temps, la pléiade choisie
    Brilla d'une vive clarté ;
    Staël, sous le nom de Corinne,
    Chanta l'Italie, et Delphine
Illustra dans ses vers la gloire et la beauté.

Avez-vous oublié, faut-il qu'on vous redise
Les transports de Sapho, les plaintes d'Héloïse?
    Faut-il vous lire tour à tour
    Sévigné, Mercœur, Deshoulières?...
    Et nos voix, touchantes et fières,
Ne célébreraient pas la patrie et l'amour !

Vous voulez en nos mains briser la plume agile?
Nos doigts roses pourtant savent la rendre habile...
Si vous ne cessez pas cette guerre d'auteurs,
Nous ne chanterons plus la foi, ni l'espérance,
Ni l'amour..... L'épigramme, instrument de vengeance,
    Poursuivra les usurpateurs.

Nous avons la beauté, l'esprit, la grâce, l'âme :
Pourquoi pas le talent? — Prenez garde! La femme
Sait, quand elle y prétend, mieux que vous l'obtenir.
Le nom Georges Sand passera d'âge en âge :
Sand, le Brutus germain, à peine aura l'hommage
    De quelque vague souvenir.

AUX HOMMES.

Vous prétendez en vain nous défendre d'écrire,
Messieurs! — Mais en ce champ dont vous briguez l'empire
Nous pouvons surpasser vos orgueilleux exploits :
Dès que nous le voulons, votre jalouse gloire
Est par nous éclipsée; et l'on garde mémoire
    Des chants modulés par nos voix.

Toujours à vos travaux notre sexe est utile :
Nous pouvons mépriser, nous, votre appui stérile!
Vers, romans, drames, tout ce qui sort de vos mains
Nous doit, convenez-en, le charme, l'existence;
Et quand vous dédaignez notre douce influence,
    Vous faites bâiller les humains.

Allons, faites-nous place! allons, faite silence!
Inclinez devant nous vos fronts pleins d'arrogance!
La poétique ardeur soudain va m'animer!...
La muse des beaux vers me conseille, m'inspire...
Pourquoi donc nos accords ne sauraient-ils séduire,
    Comme nos yeux peuvent charmer?

LETRAVAIL

A MON AMI L. B.

Lorsque l'Homme, séduit par la première Femme,
A la voix de l'amour abandonna son âme,
Un Ange leur cria : « Soyez tous deux maudits! »
Et, brandissant l'éclair de son céleste glaive,
Qui fit trembler Adam en faisant rougir Ève,
   Il les chassa du paradis.

Et puis il ajouta, solennel anathème!
« Pour avoir méconnu de Dieu l'ordre suprême,
Vous mourrez! Comme vous, vos petits-fils mourront!
De la punition toute faute est suivie;
Désormais vous aurez à gagner votre vie
   A la sueur de votre front. »

Quoi ! le travail serait une peine divine !...
Lorsque le cœur s'échauffe et l'esprit s'illumine
Au rayon du travail, sainte égide en tout lieu,
L'Ange au glaive de feu ne courbe plus nos têtes ;
Et nous chantons en chœur, même au sein de nos fêtes :
    « Le travail est la loi de Dieu. »

Car, sans lui, désormais, que deviendrait le monde ?
La charrue est utile à la plaine féconde
Qui voit les blonds épis naître, croître et mûrir.
Des soins de l'avenir le travail nous délivre ;
Soyons reconnaissants, car le travail fait vivre,
    Et l'oisiveté fait mourir.

C'est par lui qu'ici-bas l'homme commande en maître
A tous les éléments, contraints de se soumettre,
Offrant à ses plaisirs les merveilles des arts ;
Au bruit des lourds marteaux, aux accents de la lyre,
Pierre, bois ou métal, sous ses doigts tout respire
    Dans les palais, dans les bazars !

Unissons le travail à la saine pensée,
Et déjà nous voyons la distance effacée !
Le monde entier se range à notre autorité,
Car notre bras puissant, qui jamais ne se lasse,
Possède, pour dompter et le temps et l'espace,
    Le feu, l'air, l'électricité.

LE TRAVAIL.

Bien souvent, il est vrai, la vérité qu'on nie
Est proclamée en vain par la voix du génie :
Regrets rétrospectifs! stériles repentirs!
Mais, aussitôt que l'homme a repris confiance,
Le travail a prêté son aide à la science :
  L'ignorance fit les martyrs!

Si la foule parfois, égarée ou trompée,
Troupeau toujours craignant le fouet et l'épée,
N'a des yeux que pour l'or, l'or, stérile métal!
Pour redonner la vie à des terres en friche,
Le bras du travailleur vaut la bourse du riche :
  Le courage est un capital!

Cessez de vous vanter, vous qui, sortant du prône,
Jetez à quelque pauvre une orgueilleuse aumône,
Riches! car vous donnez à la mendicité!...
Ah! venez donc plutôt combattre le chômage;
A l'ouvrier oisif procurez de l'ouvrage,
  C'est la meilleure charité!

Soyez fiers, travailleurs! C'est sous vos mains utiles
Que surgissent partout les moissons et les villes.
Du pôle glacial aux déserts du midi,
Grâce à votre concours, les routes s'aplanissent,
Et l'on voit, sur les monts que les wagons franchissent,
  La vapeur prendre un vol hardi!

La terre attend encor vos efforts intrépides :
Piochez, creusez, fouillez ses flancs les plus arides ;
Rendez tout productif, champs, fleuves et forêts !
Et quand l'heure viendra, quand votre tâche accrue
Réclamera vos bras pour une autre charrue,
  Alors, amis, vous serez prêts !

Mais, que cette heure soit éloignée ou prochaine,
Attendons l'avenir sans désespoir, sans haine ;
Le Ciel veille sur nous : acceptons ses décrets !
La Liberté viendra régénérer la terre ;
Jusque-là travaillons, poëte ou prolétaire,
  Car le travail, c'est le progrès.

Genève, 1860.

L'ENNEMIE COMMUNE

AUX HABITANTS DE LA VILLE DE ***

Séculaires forêts, orgueil de l'Amérique!
Arbres qu'a fécondés le soleil du tropique,
Sampagnes odorants, nopals et goyaviers!
Un poison inconnu se mêle à votre séve;
Malheur à l'imprudent qui s'endort et qui rêve
      A l'ombre des mancenilliers!

Parterres embaumés, massifs, fraîches corbeilles,
Que viennent le matin visiter les abeilles!

Rivalité fleurie, où parfums et couleurs
Enivrent à l'envi l'odorat et la vue,
Vous cachez quelquefois dans votre ombre touffue
    Le serpent roulé sous les fleurs !

Hélas ! c'est le destin. Rien n'est complet sur terre !
L'air le plus pur apporte un poison délétère ;
Le précipice s'ouvre entre les gazons verts !
Le chêne, nid aimé de l'oiseau qui l'habite,
Languit et meurt enfin sous le gui parasite :
    Toute médaille a son revers !

A minuit, quand au bal s'animent les quadrilles,
Quand la valse bondit et que les jeunes filles
Jettent un œil d'envie aux couples tournoyants ;
Quand sur un tapis vert le Pactole ruisselle,
Et quand de mille feux le salon étincelle,
    Que de regards gais et riants !

Doux instants ! Le plaisir dans les yeux se reflète,
Le cœur s'épanouit aux splendeurs de la fête,
La main joyeuse s'offre à la loyale main,
Sur chaque lèvre éclose apparaît le sourire ;
On est heureux de vivre, et l'on se prend à dire :
    « Nous danserons encor demain ! »

Ah! ne vous fiez pas aux promesses du monde !
En mirages trompeurs l'Illusion féconde
Fait tout voir au travers de son prisme banal.
Comme l'arbre aux venins qui croît aux Colonies,
Le monde garde aussi de longues agonies,
  Et le serpent mord, même au bal !

Pendant que du plaisir la joyeuse cohorte
S'enivre et s'étourdit,... là-bas, près de la porte,
Un spectre triste et froid se dresse menaçant :
Fantôme grimaçant au milieu de la joie,
Tigre affamé qui va s'élancer sur sa proie :
  La pâle Calomnie attend !

La Calomnie ! étrange et puissante ennemie,
Qui fait arme de tout et note d'infamie
Le nom resté sans tache et de tous respecté ;
Du bonheur sans mélange implacable rivale,
Qui voue au ridicule et qui livre au scandale
  Beauté, jeunesse et pureté !

C'est le brigand funeste, hôte des forêts sombres,
Qui, la nuit, sous le ciel obscurci par les ombres,
Pille le voyageur et tue en liberté !
Effroi du malheureux que le hasard amène,
L'assassin le surprend, le terrasse, l'entraîne,
  L'égorge en un bois écarté !

La Calomnie ! En vain le combat ou la fuite
Essayerait de lasser son ardente poursuite ;
On succombe à ses coups, sans avoir combattu !
Elle profane tout : une seule parole
Peut souiller et ternir la plus pure auréole,
  La plus radieuse vertu !

Quand les rêves du cœur, l'illusion de l'âme,
Désirs inassouvis et fugitive flamme,
Se flétrissent au souffle impur parti d'en bas,
Le désenchantement nous laisse sans vengeance :
Contre la Calomnie il n'est pas de défense,
  Et le mépris ne l'atteint pas !

A quoi bon lui donner une excuse frivole ?
Passagère, dit-on, elle frappe et s'envole ;
Son stigmate jamais ne peut être effacé ;
Des maux causés par elle il reste quelque chose :
Le ver laisse sa trace aux feuilles de la rose,
  Et la Calomnie au passé !

Poëtes, flétrissez cette lâche ennemie...
Pour la suivre, éveillez votre muse endormie ;
Il faut la fustiger à toute heure, en tout lieu :
Dans l'ombre le larron se tapit et se cache ;
Le bourreau seulement, qui laisse voir sa hache,
  Frappe et punit au nom de Dieu !

Le monde, qui jamais ne lit au fond des âmes,
Vante notre destin, et dit que pour les femmes
La vie est un printemps aux éternelles fleurs :
Étrange assertion et sanglante ironie !...
Où donc est le bonheur, lorsque la Calomnie
　　　Fait si souvent couler nos pleurs ?

LA DEMOISELLE DE COMPAGNIE

A F. P...

Nous vivons dans un siècle étrange, en vérité !
Nous allons à rebours, sans nulle utilité,
Et la cervelle humaine, abdiquant tout prestige,
A des dérèglements qui donnent le vertige.
L'époque Louis Quinze, où tout n'était que fard,
Où la mode, la cour, la poésie et l'art

---

1. Cette boutade, inspirée par un procès célèbre, ne peut être appliquée à personne autour de moi et ne saurait, en aucune façon, blesser les charmantes jeunes filles qui vivent dans mon intérieur, et dont quelques-unes ont adouci par leur présence les amertumes de mon exil. — M. R.

Obéissaient au mot d'ordre qu'en une alcôve
Donnait la courtisane au cœur sec, à l'œil fauve;
Cette époque brillante et vide, sans grandeurs,
Revient-elle? — Voyez! Nos modernes auteurs,
Pour frapper fort ou pour grossir leurs bénéfices,
Sur paradoxes creux fondent leurs édifices;
Ils ont rendu le vice attrayant et parfait,
Et, chacun à son tour, sans vergogne, ils ont fait
Un accroc au vélin des Légendes dorées,
Pour les Phrynés du jour à Lorette adorées.

— Ah! s'écriait Boileau, « le poëte ignorant
Qui de tant de héros va choisir Childebrand! »
Toi, naïf écrivain, tu creuses ta cervelle
Pour en faire jaillir... — Eh! quoi? — La demoiselle
De compagnie!... Oh! oh! quel superbe tableau!
Comme il manquait au monde, et comme il sera beau!
Pauvre poëte, hélas! près des hôtes tranquilles
De ton simple foyer, où, noirs sphinx immobiles,
S'allongent tes grands chiens au regard amical,
Tes méditations aboutissent si mal!...
Encor si tu peignais l'hybride créature
Comme Satan l'a faite, enfin d'après nature :
Vipère au doux regard, qui mord en caressant!
Mais non, tu veux en faire un être intéressant,
La poser en vestale, en Madone, en Martyre!
Erreur!... La vérité, moi, je vais te la dire :

— Le château resplendit et les meubles sont vieux ;
Les vivants ont les traits des antiques aïeux ;
Mais as-tu remarqué, brochant sur la famille,
Le visage étranger de cette grande fille,
Sèche, au sourire amer, étiolée, au front
Fuyant de l'égoïste, à l'œil furtif et prompt,
A la lèvre pincée ? esprit fin, à vrai dire,
Souvent supérieur au milieu qui l'attire ;
Portant avec ardeur, mais non pas sans dépit,
Épave de l'emploi, le châle décrépit,
La dentelle fanée et les gants de Madame.
Broyant incessamment tout le fiel de son âme,
Elle a, nature hybride et morose jalon,
Un pied dans l'antichambre, un pied dans le salon.
Elle échancre sa robe et montre son épaule,
Et veut, dans le proverbe, avoir son bout de rôle ;
Et quand la crinoline abdiquera ses tours,
On verra ses maigreurs la regretter toujours...
Écoutez bien ses mots, observez sa figure :
Même dans les égards elle voit une injure !..
Or, s'enivrant du luxe, aimant le tourbillon
Du monde, dont elle est la pâle Cendrillon,
Voyant incessamment circuler autour d'elle
Les coupes d'or qu'on offre à sa soif éternelle,
Elle veut y tremper sa lèvre ardente... mais
Sans pouvoir, ô supplice ! y parvenir jamais !
Elle a réalisé la fiction cruelle...

Que doit-il expier, ce Tantale femelle ?
C'est l'Envie à l'œil louche, experte en trahison ;
C'est l'ennemie intime au cœur de la maison,
Le taret ténébreux, l'espion de toute heure,
Qui mange votre pain et mine la demeure.
Serviteur sans besogne, esclave sans fierté,
Ne lui demandez pas de générosité,
Car si, pour obéir à quelque discret ordre,
Elle courbe le front, c'est afin de mieux mordre.
En effet, elle veut, cette bouche qui ment,
Vous prendre votre époux, vous voler votre amant !
Ou bien, visant plus haut, car ce monstre calcule,
Pour se faire épouser, la vierge sans scrupule
Accusera vos fils, trop enclins au péché,
D'un attentat facile et qu'elle aura cherché...
A ses façons d'agir, tout miel et tout vinaigre,
Elle joindra, s'il faut, les cruautés du nègre,
Brisant les instruments de ses ambitions,
Mettant au pilori les réputations...
Puis, quand l'adversité, cette Némésis pâle,
Aura fait écrouler, aux clameurs du scandale,
La famille où coulaient ses jours aventureux :
« — C'est bien fait, dira-t-elle, ils étaient trop heureux ! »

— Qu'elle est intéressante !... Et dans ta comédie,
Poëte, tu lui fais part belle, je parie ?
Nous sommes, diras-tu, ses bourreaux ! Quelle horreur !...

— Non, certe, elle n'est pas notre souffre-douleur,
Mais nous sommes les siens! Indulgents au possible,
Chez elle nous trouvons la roideur susceptible.
Elle est choyée en tout, elle a les meilleurs plats :
Elle bat notre enfant quand on ne la voit pas!...
On a comme un frisson quand ses lèvres se plissent...
Ce n'est pas sans raison que nos gens la haïssent!
Elle gêne souvent, nuit toujours, et parfois
Nous déshonore!... Allons, poëte, je te crois
Enlacé sans retour, Laocoon poétique,
Dans les mille replis du serpent domestique !
Tu cèdes, écrivain, à quelque pression;
La morale n'a point guidé ton action,
Et la société, qu'on raille ou qu'on accuse,
C'est la lime où la dent de la vipère s'use.

— Poëte, laisse là ce type au froid reflet ;
Tu n'auras avec lui qu'un succès incomplet :
Tu ne pourras jamais faire prendre ces filles
Pour les anges gardiens du foyer des familles,
Tandis qu'elles en sont la malédiction!...

Choisis mieux tes sujets : peins-nous l'opinion,
Le calomniateur, l'argent, l'agiotage,
Le journaliste vil qu'engraisse le chantage,
Les Basiles, les sots que battait Figaro ;

Montre-nous le mouchard ou l'ignoble bourreau,
Mais ne nous vante plus ces tristes demoiselles :
Ces anges-là, poëte, ont de la fange aux ailes !

Nice, 1860.

UNE FLEURETTE

A MADEMOISELLE A......

L'ardeur des soleils éclatants
N'a pas mûri la fleur aux couleurs virginales;
Le chaste baiser du printemps
Effleure seul ses frais pétales;
L'aube dépose en paix des perles matinales
Dans son calice pur, que respectent les vents...
Ah! puisses-tu, cachée en ton nid de verdure,
Échapper au sombre aquilon!
Des insectes crains la piqûre,
Crains les larcins du papillon!

Que jamais une main profane
Ne s'approche, écartant le feuillage discret,
De ta corolle diaphane,
Qu'un souffle, une ombre ternirait !

LA PRINCESSE ZOBÉIDE

CONTE ARABE

La princesse Zobéide
Monte son coursier rapide,
Qui dévore le chemin.
Fier de porter sa maîtresse,
Le coursier qu'elle caresse
Frémit sous sa blanche main.

Sur un cheval qui se cabre
Vient l'eunuque armé d'un sabre;
Puis viennent les négrillons,
Puis le reste de l'escorte
Que la cavalcade emporte
Dans de poudreux tourbillons.

Elle a suspendu sa course
Et descend près d'une source
Où s'abreuvent les troupeaux.
L'herbe qui croît sur la rive
Et la fraîcheur de l'eau vive
Y conseillent le repos.

Assis près de la citerne,
Un jeune homme se prosterne,
Les mains jointes sur son front :
« Quel es-tu, toi qu'on rencontre,
Chaque fois que je me montre,
Embusqué comme un larron?

— Je suis celui qui vous aime!
Tous les jours je fais de même,
Je viens sur votre chemin ;
Je me cache en un coin sombre,
D'où je vois passer votre ombre,
Et reviens le lendemain.

— Pour m'aimer et l'oser dire,
Es-tu chef de quelque empire?
Es-tu calife ou sultan?
— Non! le sort me fut avare :
Je n'ai rien que ma guitare,
Avec quoi je vais chantant.

— Sais-tu que les plus grands princes
M'offrent aussi leurs provinces?
— J'offre un luth, mon seul trésor.
— Le fils du roi de Golconde
Meurt pour moi d'amour profonde.
— Je me meurs bien plus encor !

— Ma vie est toute joyeuse ;
Je suis vive et radieuse,
J'aime à déchirer un cœur.
Quand il me plaît de sourire,
Le plus sage amant délire,
Tant mon sourire est vainqueur.

— Je suis timide et morose,
Et ne sais pas autre chose
Que me lamenter toujours.
Mais personne ne m'écoute :
C'est aux arbres de la route
Que je conte mes amours.

— Et comment oses-tu croire,
O pauvre chanteur sans gloire !
Que j'écoute un baladin?
Pour tenter cette merveille,
Cherche une lampe pareille
A la lampe d'Aladin.

— Je n'ai ni lampe, ni charmes,
Mais un cœur rempli de larmes...
Et vois bien que j'étais fou !
— Il suffit, je te pardonne...
Çà, gardes, qu'on ne lui donne
Que vingt-cinq coups de bambou ! »

OISEAU, FEMME OU FLEUR

*Pour mettre en musique
Sous le titre de Fabliau indien ou autre chose*

I

Une enfant blonde d'Orient
Mourait, de langueur consumée.
Près d'elle apparut, souriant,
Vishnou, qui lui dit : « Chère Edmée,
Je t'aime, calme ta douleur;
Je puis dompter la mort rebelle...
Veux-tu renaître *femme* ou *fleur*,
Ou bien *oiseau?* Choisis, ma belle! »

II

Être oiseau, c'est bien attrayant,
Et j'y consentirais sans crainte,
Si je pouvais, en gazouillant,
Voltiger libre et sans contrainte;
Mais, dit l'enfant, triste leçon,
J'ai vu des loups dans le bocage
Et des rossignols en prison :
Mieux vaut mourir que d'être en cage!

III

Sur le cœur de mon bien-aimé
Je veux être fleur ravissante,
Et dans un baiser parfumé
Toucher sa lèvre frémissante...
Mais non! L'oubli suit le trépas...
Et je pourrais être donnée...
Mieux vaut mourir!... Je ne veux pas
Par ma rivale être fanée !

IV

Femme ! oh ! oui, c'est un mot bien doux !
Je voudrais être heureuse mère,
Faire le bonheur d'un époux...
Mais, hélas ! ô pensée amère !
Quel terrible pressentiment !...
Non, point d'hymen, point de famille...
Comme je meurs en ce moment,
Je pourrais voir mourir ma fille.

ESPOIR ET SOUVENIR

A MADAME C.....

Je me suis demandé bien souvent, sur la grève
Où j'écoutais le vent chanter l'hymne du soir :
    Qui vaut le mieux de la vie ou du rêve,
      Du souvenir ou de l'espoir ?

Lorsque je me recueille et feuillette les pages
Du livre où sous mes yeux s'éveille le passé,
J'aime à revoir, auprès des plus chères images,
Les cailloux du chemin où mon pied s'est blessé !

Joie et douleur! espoir! rêverie et mensonge !
Fantômes vaporeux évoqués tour à tour,
J'écoute avec respect, dans le calme du songe,
Vos cantiques de deuil et vos chansons d'amour!

De mon joyeux printemps j'effeuille encor les roses...
Quel que soit l'horizon que m'ouvre l'avenir,
Quel que soit le parfum des fleurs à peine écloses,
Souvent je leur préfère un obscur souvenir.

C'est ainsi que, jetant ma pensée en arrière,
Embrassant le passé du cœur et du regard,
Il me plaît d'y chercher trace de la lumière
Qui dirige ma vie, autant que le hasard!

C'est pour cela que j'aime à revenir encore
Aux bords où le chagrin trouve le doux sommeil,
Près des flots azurés qu'un chaud rayon colore,
Où le cœur épuisé prend un bain de soleil !

Le printemps de ses fleurs couronnait mon jeune âge,
Quand je te visitai pour la première fois,
O Nice ! et l'espérance éclairait ton rivage...
Je me retrouve enfant, lorsque je te revois!

Je t'aime, et cependant (il le faut!) je te quitte!
De ton seuil bien-aimé je m'éloigne à regret,

Mais j'effeuille en partant la blanche marguerite,
Et de myosotis j'ai fleuri mon bouquet.

 Ciel d'azur, mer phosphorescente,
 Plage où le sable est de velours,
 Grève où la vague frémissante
 S'endort et s'éveille toujours;

 Bois d'orangers où l'oiseau chante,
 Buissons respectés des hivers,
 Lieux où Mignon, comme Atalante,
 Cueillait doux fruits et rameaux verts !

 Ciel enflammé, sillons humides
 D'où la séve prend son essor,
 Jardin charmant des Hespérides,
 Feuillages d'argent et fruits d'or !

 Cité vaillante et poétique,
 Ville aux souvenirs triomphants,
 Terre féconde et sympathique
 Comme le cœur de tes enfants !

 Bosquets fleuris chers à la Muse,
 Asiles du joyeux loisir,
 Lieux où l'ennui n'a pas d'excuse,
 Temples éternels du plaisir !

Cheveux d'ébène et têtes blondes,
Sur un coin de terre enchanté
Qui réunissez des deux mondes
L'esprit, la grâce et la beauté!

Sol où fleurit l'amitié pure,
Soleil ardent et radieux,
Bienfaisante et fière nature,
Je pars et vous fais mes adieux!

. . . .

Le rapide bateau s'éloigne du rivage,
Laissant derrière lui sur le flot écumeux
Les flocons azurés d'un lumineux sillage,
Et Nice disparaît à l'horizon brumeux!

Ah! si mes yeux sont secs, si je n'ai pas la fièvre,
C'est que le souvenir a fait place à l'espoir,
Lorsque le mot : *Adieu!* voltige sur ma lèvre,
Je murmure tout bas : « A bientôt! au revoir! »

L'ÉVENTAIL

Je ne suis que le vent ! Mais j'ai pris sur mon aile
    De gais parfums, de joyeux chants d'amour ;
Et j'apporte avec moi le souvenir fidèle
    Du ciel aimé qui vit vos premiers jours.

Je ne suis que le vent! Avec moi, la parole
    Fleurit le cœur et parfume l'esprit ;
Je dépose à vos pieds, comme un baiser qui vole,
    Le long espoir qui rayonne et sourit.

Je ne suis que le vent ! Mais mon souffle caresse,
Murmure ailé, votre front radieux,
Et porte à votre oreille, ô charmante princesse !
Des fiers souhaits l'écho mystérieux.

A VICTOR HUGO

DÉDICACE

Comme Dante, autrefois exilé de Florence,
Pleurait sur son pays; toi, Hugo, de la France,
De la patrie, objet de ton culte assidu,
Tu chantes les douleurs et l'avenir perdu !
Chaque jour, quand le flot a reconquis la plage,
Seul foulant tristement les algues du rivage
Où l'exil douloureux limite ta prison,
Tu sondes du regard le brumeux horizon;
Et si tu vois au loin poindre une voile blanche,
Vers l'esquif inconnu ton large front se penche :
Sur la vague, là-bas, il creuse son sillon !
Quel port l'a vu partir? Quel est son pavillon?

Ton sourire renaît et ton œil s'illumine,
Un cri s'est échappé de ta vaste poitrine :
« C'est un Français! Là-bas, je vois les trois couleurs
Apporte-t-il enfin un terme à mes douleurs?
Oh! puisse ce vaisseau que soulève l'eau verte
M'annoncer que la France aux bannis est ouverte!
Que, brisant du *tyran* le pouvoir redouté,
Le peuple a salué la sainte liberté!
Soyez béni, mon Dieu, s'il vous plaît qu'il apporte
Le récit des combats où l'infâme cohorte
A, sous un bras vengeur, trouvé le châtiment! »
Mais, hélas! le vaisseau fuit dans l'éloignement;
Comme un feu qui s'éteint, comme un rêve qui passe,
Le point blanc disparaît de l'humide surface!...
Le jour n'est pas venu, l'heure n'a pas sonné!
Au rocher de l'exil tu restes enchaîné.
Tes larmes, feu brûlant, inondent ta paupière;
Mais bientôt, vers le ciel levant ta tête altière,
Comme un soldat au glaive, à ta lyre d'airain
Tu demandes encore un accent souverain!
Et tu chantes la haine, et les échos du monde
Répètent les éclats de ta foudre qui gronde!
Et les peuples émus, en chœur, battent des mains,
Tandis qu'en leurs palais tyrans et souverains,
Ces hommes au front ceint d'un sanglant diadème,
Se courbent, pâlissant sous ton grand anathème!
Le sol tremble sous eux : le sang qu'ils ont versé

Semble couvrir déjà leur trône renversé !
Le sceptre d'or échappe à leur main que secoue
La fièvre de la peur ; la peur blêmit leur joue !
D'un œil morne, hagard, ils comptent leurs soldats.
Ils écoutent, tremblants : ils entendent le pas
Du *Gendarme de Dieu,* dont tu prédis l'approche,
Et qui s'avance avec des ordres dans sa poche !
C'est l'avenir. Déjà les lumineux éclairs
Du glaive qui punit vont inonder les airs !
Il fera triompher la justice éternelle ;
« Malheur aux réprouvés ! » dit la voix solennelle ;
Et, terrassés déjà, fuyant épouvantés,
Les nains, qui se croient grands parce qu'ils sont montés,
En s'aidant du poignard, sur un vaste ossuaire,
Changent leur manteau rouge en un sanglant suaire !
Oh ! chante, chante encor !.....
     Mais, lorsque vient le soir,
Retournant lentement à ton foyer t'asseoir,
Tu quittes à regret cette plage muette
D'où tu revois la France !... — Oh ! redis-nous, poëte,
Les chants de la famille, hymne sacré du cœur,
Échos resplendissants d'amour et de douleur !
Parle-nous de ta fille, hélas ! trop tôt ravie
À son père, à l'époux dont elle était la vie !
Rappelle-nous les jours de ton joyeux printemps,
Les baisers qu'en secret savouraient les amants,
Le bonheur de l'époux et les luttes publiques,

Et, les jours de danger, les triomphes civiques !
Suis dans l'immensité l'essor mystérieux
Des âmes, et dis-nous ce qu'auront vu tes yeux !
Contemple la nature, admire les spectacles
Dont un Dieu bienfaisant nous montre les miracles !
Nous t'écoutons, ravis : module tes accords !
Que ta voix jusqu'à nous arrive de ces bords
Où l'exil, noir vautour à l'aile ensanglantée,
Te déchire le cœur, moderne Prométhée !
Oh ! chante, chante encore, en dépit du vautour !
Car bientôt va venir le jour saint du retour :
Tu reverras ces lieux où vécut ta famille,
Berceau de ton enfance et tombeau de ta fille ;
La tribune, longtemps veuve de grandes voix,
Te verra revenir dans le temple des lois ;
Tu reprendras ta place : à ta parole altière,
Basile et Loyola, qu'aveugle la lumière,
Rentreront, oiseaux noirs, dans leurs antres fangeux !
Le mépris et l'oubli feront justice d'eux !
A bientôt donc, Hugo ! garde bonne espérance !
Le peuple et l'avenir te doivent à la France !

LES FUNÉRAILLES DE BÉRANGER

A MONSIEUR V.....

Je m'étais dit, un jour : « Mon beau pays, la France,
Chancelle sous le poids de sa longue souffrance ;
Où sont les descendants de ces vaillants Gaulois
Dont vingt peuples jadis ont dû subir les lois ?
Tout se plie aujourd'hui sous le sceptre d'un homme !
Brennus put imposer, pour la rançon de Rome,
Aux Quirites tremblants son glaive et son courroux ;
A présent, les Français sont futiles ou fous !
La pourpre leur impose : on les voit se soumettre,
Serviles et rampants, aux volontés du maître...
Ils ont dégénéré ! Les vainqueurs des Germains
Aujourd'hui vont aux fers tendre eux-mêmes les mains !
Guerriers et matelots, tyrannie et tempêtes,
Autrefois n'auraient pu faire courber leurs têtes :

Aujourd'hui des laquais qu'on soudoie à prix d'or
Garrottent sans effroi le grand lion qui dort. »

Mon Dieu! je blasphémais! Grand peuple, dans ton âme
Tu conserves encore une sublime flamme!
Cet éternel rayon, rien ne l'a pu ternir :
Ton glorieux passé répond de l'avenir!
O France, il est des jours que la muse regrette,
Mais ton silence, enfin, un seul jour le rachète!
Je t'accusais à tort, et, le seize Juillet,
Avec son noble cœur Paris se réveillait!
Sourd au bruit du clairon qui sonne les batailles,
Tu te lèves soudain au glas des funérailles,
Quand le soleil qui vit enterrer Mirabeau
Pour notre Béranger brille encore plus beau!

. . . .

« Eh bien, Pierre, es-tu prêt?

—Jean, quel hasard t'amène?
Tu sais bien cependant que, toute la semaine
Devant ma table assis, le burin à la main,
Je gagne à mes enfants le pain du lendemain.
Cours au plaisir! Va, moi je reste, je suis père!
— Le plaisir!... Pierre! non, c'est pour le cimetière
Que, laissant le travail, je viens te déranger.......
—Bon Dieu, qui donc est mort? qui donc, dis...!—Béranger! »
Béranger!... Ce mot seul a fait tressaillir Pierre,
Et des larmes soudain ont mouillé sa paupière.

Il se lève, et déjà, quittant son tablier,
Repoussant loin de lui ses outils, l'ouvrier
Se tourne tristement vers le bahut rustique,
Modeste ameublement du foyer domestique.
Il en tire le crêpe et le vêtement noir,
Que pour les jours de deuil il garde en un tiroir.
Il est prêt, et bientôt Pierre et Jean, dans la rue,
Se mêlent, sans parler, à la foule accourue
Pour apporter encor, par son immense deuil,
Un hommage à celui qui dort dans le cercueil.

Oh! spectacle imposant, enseignement utile!
Ce peuple, qu'on croyait oublieux et futile,
Acclamant aujourd'hui ce qu'il broiera demain,
Le voilà recueilli, l'immortelle à la main,
Les yeux mouillés de pleurs, silencieux, nu-tête,
Jusqu'au champ du repos escortant son poëte!
La ville tout entière a pris un sombre aspect :
Sur les fronts découverts, la douleur, le respect :
Partout le travail chôme! Au grand deuil populaire
L'artisan sacrifie un jour de son salaire!
Le vieillard, dont le bras a besoin d'un appui,
Suit avec le cercueil un souvenir qui fuit!
Du haut de son grenier, la joyeuse grisette,
Fidèle au souvenir du chantre de Lisette,
A travers les bouquets qu'il lui faut déranger,
Regarde le cortége et pleure Béranger!

Mais qui donc est celui que tout un peuple pleure?
Est-ce un prince? est-ce un roi? Du seuil de sa demeure
Jusqu'au funèbre champ du repos éternel,
A qui Paris fait-il cet adieu solonnel?
A qui décerne-t-on ces grandes funérailles?
Est-ce un guerrier fameux, héros de vingt batailles?....
Oh! non; lorsqu'un beau char, doré comme un soleil,
D'une fausse douleur promenant l'appareil,
Passe avec ses drapeaux au pied de la mansarde,
Si d'un œil curieux l'ouvrier le regarde,
Il rentre indifférent, mais il ne le suit pas :
Le peuple a peu souci des puissants d'ici-bas!

A quoi bon ces fusils? car une armée entière
Échelonne ses rangs jusques au cimetière,
Et, pour mieux contenir un peuple redouté,
L'arrête sur le seuil de l'immortalité!
Eh! quoi! craignez-vous donc que cette foule en larmes
Aux pavés du chemin ne demande des armes,
Et ne forme, malgré vos bataillons épais,
Un cortége de guerre au chantre de la paix?
Vous craignez que, troublant cette cérémonie,
Le peuple, par l'émeute, insulte le génie!...
Le peuple a le respect des morts, et sa fierté,
Pour réclamer enfin son droit, la liberté, —
Dût l'attente être longue! — attend que sonne l'heure!
Mais il ne lutte pas aujourd'hui, non, il pleure!

Il pleure, et ces soldats qui veillent, l'arme au pied,
En vain offrent un but à son inimitié.

Fils d'un pauvre artisan, dans la lutte commune,
Béranger, mieux qu'un autre, eût trouvé la fortune.
Bien souvent ses amis, parvenus aux grandeurs,
Voulurent le combler de richesse et d'honneurs
Et l'arracher, timide, à son foyer modeste.
Mais lui, content de peu, dédaignant tout le reste,
Il résista, voilant d'une humble obscurité
Sa muse, son bonheur, sa popularité !
Toujours à ses côtés, une amie adorée
Fit une longue joie à sa vie ignorée :
La sainte pauvreté les avait réunis ;
Loin du monde bruyant, d'où les avait bannis
Leur mépris pour le luxe et la gloire éphémère ;
Ils savaient bien encor secourir la misère.
A leur porte jamais un ouvrier en vain,
Malade ou sans travail, ne vint tendre la main.
On ne les quittait pas la poche ou le cœur vide :
On s'en allait joyeux, consolé, l'œil humide,
Emportant peu d'argent, mais un mot, un conseil,
Qui réchauffait le cœur d'un rayon de soleil.
Voilà l'homme !... A présent saluons le poëte !

Ces refrains immortels que la France répète,
Ces chants, ce sont les siens ; la Muse, à son berceau,

Sur son front avait mis l'ineffaçable sceau ;
Et pendant soixante ans sa veine poétique
Atteignit bien souvent à la hauteur épique.
Philosophe ou rêveur, plaisant, jamais banal,
Il est resté toujours chantre national.
Observateur des lois que l'écrivain respecte,
Il défend les écarts à sa muse correcte.
Mais la pensée est là : sous le vers élégant,
Défiant les efforts du critique arrogant,
Elle touche le cœur, fait pleurer et sourire.
Oh ! pour l'apprécier il faut chanter ou lire
Ces poëmes si courts et pourtant si complets,
Que dans sa modestie il a nommés couplets !
Que l'inspiration le saisisse et le pousse,
Il chante le Grenier, les Fous, Jeanne-la-Rousse,
Et, du malheur toujours fidèle courtisan,
Jamais il n'encensa le riche et le puissant.
Ses refrains, avant tout, sont les chants de la France :
Il console, il défend la patrie en souffrance,
Il raille les tyrans, il maudit l'étranger :
Alors la voix de Dieu s'appelle Béranger.
Et de la liberté s'il voit poindre l'aurore,
Il chante pour le peuple, il chante, il chante encore...
Quand le riche accapare et l'or et les moissons,
Le pauvre peuple au moins a besoin de chansons.

Va, ne crains pas l'oubli pour ta sainte mémoire,

Poëte! bien longtemps on chantera ta gloire;
Le chaume et l'atelier rediront tes refrains.
Panard et Désaugiers furent tes vrais parrains,
Mais ton rôle est plus grand, ta verve plus féconde;
En chaleureux conseils ta poésie abonde;
Tu montres le chemin aux jeunes chansonniers;
Ils apprennent de toi qu'arrivés les derniers,
Obligés de dompter une muse rebelle,
Ils ont à parcourir une route nouvelle :
Il faut que la chanson soit un enseignement,
Et que chacun enfin y puise sûrement,
Avec un doux plaisir, une saine pensée.
Des stériles essais si la mode est passée,
C'est à toi qu'on le doit, apôtre du progrès!
Aussi, loin d'entourer de funèbres cyprès,
D'un lugubre appareil la tombe où tu reposes,
Il faut y laisser croître en liberté les roses;
Il faut que sans tristesse on en puisse approcher,
Et qu'amant ou poëte on y vienne chercher
Une fleur du rosier, un refrain de ta bouche.
Il faut surtout, enfin, que sur ta froide couche
S'élève un monument, non un marbre banal,
Mais un grand mausolée, autel national,
Auquel consacreront, offrande populaire,
Les riches un peu d'or, l'artisan son salaire,
Et que sur ce tombeau le passant, l'étranger,
Lise ces simples mots : *La France à Béranger!*

En attendant qu'un jour ce vœu patriotique
Devienne parmi nous la volonté publique,
Dors en paix, ô poëte! on ne peut t'oublier.
Là-haut est ta mansarde, ici c'est l'ouvrier,
Dont un refrain joyeux suit le marteau sonore.
Aux déserts africains, aux rives du Bosphore,
Quand le clairon se tait, nos valeureux soldats
Préludent par des chants à de nouveaux combats...
Toujours toi! Tes chansons ont bercé notre enfance;
Ta muse, aux mauvais jours, a consolé la France;
Et s'il fallait revoir la patrie en danger,
Ton nom serait encore un drapeau, Béranger!
Va, nos enfants aussi garderont ta mémoire,
Héritage sacré d'espérance et de gloire;
Tes refrains immortels à la Postérité
Porteront ces deux mots : Patrie et Liberté!
Pour que dans l'avenir, moisson riche et féconde,
La gerbe de tes chants ensemence le monde!

Et toi, peuple français, qu'à tort je condamnais,
Auprès de ce cercueil tu revis, tu renais!
On peut te reprocher de trop aimer la gloire,
De te plaire aux vains mots de guerre et de victoire :
A la place, parfois, de glorieux drapeaux,
Ta faveur consacra de honteux oripeaux!
Le clinquant te séduit, mais le nom de patrie
Sait charmer ton oreille et ton âme attendrie.

Tu respectes encor l'honneur, la probité,
Et tu chéris toujours la sainte liberté !
A cette heure suprême où Béranger succombe,
Toute vertu n'est pas avec lui dans la tombe,
O peuple ! ce n'est pas sur toi que j'ai pleuré,
Quand tu viens rendre hommage au poëte expiré.
Même dans tes erreurs ma muse aime à te suivre ;
En France si parfois il paraît dur de vivre,
Grand peuple, dans ton sein il est doux de mourir !
L'espoir au cœur de l'homme est si long à mûrir,
Qu'à la fin, fatigué du poids de ses souffrances,
Le poëte, indigné, maudit tes inconstances ;
Mais il doit te bénir pour tes fidélités,
Car tu suis, en pleurant, tes héros regrettés !
Au passé qui t'engage, oh ! va, ne sois pas traître :
Une heure sonnera, qui sait ? bientôt peut-être,
Où tu pourras enfin, loin du joug détesté,
Saluer au retour la grande liberté !...
J'entends de l'avenir l'éclatante fanfare,
Je vois à l'horizon briller un nouveau phare :
C'est l'éclair solennel, c'est le premier rayon
Du Progrès, éclairant le réveil du Lion !

20 juillet 1857.

PARIS NOUVEAU

« A l'œuvre, travailleurs! Voici le jour : alerte! »
Ainsi parle une voix, et la cité déserte,
A ce commandement, mystérieux pouvoir,
Commence à se peupler, à vivre, à se mouvoir.
Lorsque soufflent de mai les suaves haleines,
Vous voyez, sur les monts, dans les bois, par les plaines,
Des ruches s'élancer un peuple industrieux;
De même, secouant le sommeil de leurs yeux,
Des soldats du travail les cohortes actives
En essaims bourdonnants inondent les deux rives
De ce fleuve, où les eaux grossirent tant de fois
Des larmes et du sang qu'ont fait verser les rois.

Et quand tous sont venus et que l'heure est sonnée,
Pour marquer à chacun l'emploi de la journée,
La Voix se fait encore entendre, et, tout-puissant,
Au loin a retenti son mâle et fier accent :
« Hardis pionniers, marchant vers la terre promise,
Écoutez : votre tâche en deux parts se divise.
O vous, les destructeurs, à l'avant-garde ! Allons,
Passez, comme passaient les brûlants aquilons,
Qui, du grand Jéhovah traduisant les colères,
D'un souffle dévoraient les cités séculaires.
Frappez, brisez ! Frayez un immense chemin
A ceux qui sur vos pas s'élanceront demain.
En avant, défricheurs ! Vos vaillantes charrues
Tracent de grands sillons dans les antiques rues,
Qui, sur le sol mouvant, se cherchent en rampant,
Ainsi que les tronçons d'un colossal serpent.
Et vous, dont l'industrie, émerveillant le monde,
Où d'autres ont détruit, réédifie et fonde,
A l'œuvre, à l'œuvre aussi ! Les instants sont comptés,
Et sur vous l'Univers a les yeux arrêtés.
Comme un songe s'enfuit quand s'ouvre la paupière,
Le sale et vieux Paris rentre dans la poussière.
Ainsi que Christ sortant radieux du tombeau,
Faites jaillir du sol un Paris jeune et beau. »

Et la foule s'ébranle à cet ordre suprême.
Soudain, comme frappés d'un terrible anathème,

De la vieille cité les vestiges épars
Dans un fracas poudreux croulent de toutes parts.
Ils ne respectent rien, ces briseurs implacables :
Rien ne peut éviter leurs coups impitoyables !
Ils s'en vont, promenant la ruine en tous sens,
Du bagne obscur des gueux aux palais des puissants.
Que leur font à ces gens le souvenir, la gloire ?
Ils écrasent du pied les jalons de l'histoire,
Et passent, en ouvrant au soleil, comme aux vents,
De longs sentiers creusés par des boulets vivants.
Mais cette œuvre de mort est, par l'œuvre de vie,
A toute heure, en tout lieu, rapidement suivie,
Comme aux champs les saisons succèdent aux saisons;
Les semailles aussi suivent là les moissons.
A peine, sur le sol, des murs tremblants et sombres
S'abîment les monceaux et gisent les décombres,
Que déjà le passant surpris, croyant rêver,
Voit par enchantement d'autres murs s'élever :
Le monument se dresse où la mansarde tombe;
Un berceau souriant surgit sur une tombe.

La Voix est obéie. Enfin, quand vient la nuit,
Quand des bruyants marteaux l'écho s'évanouit,
Alors, pour retourner à son modeste gîte
Où l'attend le repos, chaque travailleur quitte,
En s'essuyant le front de sa calleuse main,
L'instrument de labeur, qu'il reprendra demain.

Oui, cette grande Voix qui fait mouvoir la foule,
Comme le vent de mer enfle à son gré la houle ,
Quelle est-elle? L'un dit : « C'est l'éternel Progrès
Qui couve l'avenir dans ses sages décrets! »
Et, plein d'un saint respect pour ces lois qu'il admire ,
Dans ces moellons divins il adore l'Empire.
Mais un autre, dont l'œil, lumineux et profond,
Des mystères obscurs a pénétré le fond,
Et qui sait discerner sous le masque un visage ,
S'écrie, en déplorant les erreurs de notre âge :
« Insensés, ou plutôt ignorants! pauvres fous!
Songe-creux! quand, enfin, vous réveillerez-vous?
Vous voyez le Progrès? Mais où donc? Dans la pierre?
Dans ce fier monument qui sort de la poussière?
Dans cette large voie où fourmillent les chars ?
Dans ces palais marqués au chiffre des Césars?
Dans ces mille clartés, qui le soir étincellent
Sous les lointains arceaux où leurs grappes ruissellent?
Serait-il dans ces ponts, sur la Seine jetés ,
Ainsi que de grands bras unissant deux cités ?
Dans le marbre, le fer et l'or de cette grille?
Dans ce temple orgueilleux dont la flèche scintille ?
Serait-il dans ces nids de plâtre, où des soldats,
Pour mieux nous protéger, vont, viennent à grands pas,
Et font bruire au loin un grand sabre qui traîne,
Et qui, sans ennemis, se rouille avec sa gaîne ?
Serait-il dans ce square au sable râtelé,

Dans ces arbres épais dont l'ombrage est sous clé?
Dans ces bois de carton, coquettes promenades,
Où, sous le nom pompeux de splendides cascades,
Quelques tas de cailloux, savamment disposés,
Pleurent le filet d'eau dont ils sont arrosés?
Ou dans ces pauvres nefs, vieilles barques fêlées,
A grands renforts de bras, du port d'Orsay halées?
Serait-il sous ce bronze, où l'art, menteur adroit,
Moula d'un Empereur le masque auguste et froid,
Image où se lira, faute d'une autre gloire,
D'un sanglant parvenu la scandaleuse histoire?
O blasphème!..... Sans doute avec vous je dirais :
Oui, le voilà, c'est bien le vrai, le seul Progrès,
Oui, si cette fureur, qui brise et régénère,
Ailleurs que sur les murs détruisait la misère;
Si, quand le bras abat quelque toit trop hideux,
Un pignon qui s'avance au plus d'un pied ou deux,
Descendait un regard consolant, secourable,
Sur ces hôtes chétifs que la misère accable,
Et qui s'en vont, honteux et mornes bataillons,
Chercher d'autres greniers pour cacher leurs haillons!
Que dis-je? Cet aspect d'une cohue infâme
Corrompait les plaisirs dont s'abreuve votre âme,
Grands du jour!... Quoi! troubler vos nobles voluptés?
Dieu m'en garde! D'ailleurs, des célestes bontés
N'êtes-vous pas vous seuls les objets légitimes?
Qui parle devant vous de douleurs, de victimes?

Quelque fou, sûrement, qui d'un ton arrogant
A la société prétend jeter le gant !
— A la porte ! Chassez le sot et sa chimère !...
Mais vous, déshérités, vous avez Dieu pour père :
Adressez-vous à lui, priez-le, pour qu'un jour
Il vous garde une place en son divin séjour.
Alors, comblés enfin de biens impérissables,
Vous goûterez en paix des bonheurs ineffables ?...

« Ainsi, lâches railleurs, ils émaillent toujours
Du nom sacré de Dieu d'égoïstes discours ! »

O vous donc, étrangers, qui des plages lointaines
Venez pour contempler notre moderne Athènes,
Si je pouvais guider vos regards curieux,
De quels tristes tableaux j'affligerais vos yeux !
Car ce ne serait pas aux royales demeures,
Aux jardins somptueux, que j'emploierais vos heures.
Dans le dédale immense où nous sommes jetés,
Il est de sombres lieux, du soleil désertés,
Où le froid et la faim d'une poignante fièvre
Torturent l'estomac et bleuissent la lèvre :
Là, sans abri, pieds nus, les regards dévorants,
Se traînent sur le sol des êtres ignorants,
Qui, sans amour au cœur, sans pudeur à la joue,
Cherchent leur nourriture au milieu de la boue !...
Ah ! fuyons !... Franchissons plutôt cet humble seuil :

Là l'honnête artisan, digne, mais sans orgueil,
Sous le joug d'un patron accomplit sans relâche,
De l'enfance au tombeau, son éternelle tâche ;
Il devance le jour et, malade ou dispos,
Bien tard sonnent pour lui les heures du repos...
— Mais cet homme est aimé : sans doute quelque femme
Lui tend la main, marie à son âme une autre âme ?
— J'y consens, mais peut-il aux tendres sentiments,
Esclave du besoin, donner quelques moments ?
Qu'est-ce donc, si le sort dans ce réduit envoie
Des enfants, messagers d'espérance et de joie !
Qu'il voudrait les mener, ces êtres tant chéris,
Dans les champs, loin de l'air impur de son Paris !
Comme il voudrait les voir parés, ces petits anges !
Mais il est pauvre : Adieu, fuyez, rêves étranges !

Je vous visiterais dans vos simples logis,
Pauvres filles, vous qui de vos beaux yeux rougis
Suivez, en fredonnant la chanson consolante,
Sous vos doigts amaigris l'aiguille vigilante !
Comme un frêle roseau par l'ouragan battu,
Vous voulez au malheur opposer la vertu,
Et, jeunes, vous ployez déjà sous la souffrance !
Vous redoutez l'amour !.... Vous niez l'espérance !
Quand nous aurons suivi de ce triste chemin
Les mille stations que vous montre ma main,
De ce Paris nouveau les splendides merveilles,

Qu' tant de voix en chœur proclament sans pareilles,
— Éclat trompeur, voilant un spectacle odieux! —
Arracheront plutôt des larmes de vos yeux!
Et vous direz : « Fuyons cette splendeur fatale,
Où l'or sur des haillons insolemment s'étale!
Dans les cachots obscurs gémit l'humanité!...
De parcs et de palais en vain on te décore,
O Paris! dans ton ciel ne brille pas encore
      Le soleil de la liberté! »

LES FUNÉRAILLES DE CAVAIGNAC

Vertu, gloire, talent, tout s'en va, tout succombe,
Et l'on voit chaque jour se fermer une tombe!
Ceux-là, hier encor qui faisaient notre orgueil,
Béranger! Lamennais! Manin! Eugène Sue!
Cavaignac, qu'épargna l'émeute de la rue,
      Dorment couchés dans le cercueil!

O mort! pourquoi frapper ainsi la pauvre France?
Assez de malheureux, rêvant la délivrance,
Salueront ton approche, à leur chevet, le soir!
Ne pourrais-tu laisser quelques jours au génie?
Et devais-tu déjà briser, sans agonie,
      Et notre orgueil et notre espoir?

Notre espoir, c'était lui ! — Si le peuple, en silence,
Se plie au joug pesant qui le courbe et l'offense,
Et subit sans murmure un sort immérité,
Sa foi dans l'avenir le soutient, le relève...
Il avait pour devise — à présent c'est un rêve ! —
      Cavaignac et la Liberté !

La vie était encor pour lui riante et belle,
L'horizon promettait une aurore nouvelle !
Tandis que, patient, le peuple, sous le faix
Des stériles labeurs et de la servitude,
Le suivait du regard... calme en sa solitude,
      Cavaignac attendait en paix.

Il attendait !... La mort qui trompe l'espérance,
La mort aveugle et sourde enviait à la France
Du passé glorieux ce dernier héritier !
Mais des hautes vertus la mémoire est féconde,
Le progrès peut encore ensemencer le monde :
      L'homme ne meurt pas tout entier.

Quand la terre a repris sa mortelle dépouille,
De son nom révéré, drapeau que rien ne souille,
Gardons au fond du cœur l'éternel souvenir !
A la mort, comme à Dieu, nous élevons un temple :
Le culte du passé nous instruit par l'exemple,
      Et nous rend forts pour l'avenir !

Quelle vie !... En suivant sa trop courte carrière,
Laissons notre regard se porter en arrière :
Nous apprendrons à vivre en le voyant mourir.
La résignation n'exclut pas l'espérance,
Et jusqu'au jour qui doit régénérer la France,
  Nous saurons attendre et souffrir !

Cavaignac ! Ce nom seul éveille une pensée !
C'est la vertu, la gloire à la force enlacée ;
C'est le culte constant du devoir respecté ;
C'est ce noble vieillard, corps brisé, cœur stoïque,
Qui n'avait qu'un amour, qu'une pensée unique :
  Son pays et la liberté !

Cavaignac ! C'est encore une vertu romaine !
Une femme au front pur, à l'âme plus qu'humaine,
Qui revoit en ses fils les Gracques triomphants,
Et qui, de sa beauté loin d'être enorgueillie,
Dit, comme au temps passé la fière Cornélie :
  « Regardez, ce sont mes enfants ! »

Cavaignac ! C'est le nom de l'ardent publiciste,
Qui dans la lutte, un jour, devenu journaliste,
A défendu le peuple à toute heure, en tout lieu.
C'est la puissante main, hélas ! trop tôt frappée,
Qui garde sur sa tombe et la plume et l'épée,
  Armes que lui confia Dieu !

Cavaignac ! C'est enfin le héros populaire
Dont le nom, devenu l'espoir du prolétaire,
De jours moins malheureux promettait le retour...
Rêve éteint, flamme morte, illusion rapide !
Il était jeune, aimé, plein d'avenir, valide :
  La mort l'enlève avant son tour !

Il pouvait espérer une longue carrière !
Cent fois, autour de lui, la balle meurtrière,
Ouvrant les bataillons sous la mort ondoyants,
Siffla sans le toucher ! Son front bravait la foudre ;
Il marchait, couronné de fumée et de poudre,
  Vaillant entre les plus vaillants.

Longtemps il a vécu sur la terre d'Afrique,
Et, du drapeau français défenseur héroïque,
Il fixa la victoire en de nombreux combats !
L'Arabe, à son nom seul, prêt à prendre la fuite,
Tremblait dès qu'il voyait, ardents à sa poursuite,
  Et son épée et ses soldats !

Faut-il un corps d'élite, une troupe invincible,
Qui puisse tout tenter, tout, même l'impossible ;
Qui refoule au désert les douars menaçants ?
Dès que le soldat sait que Cavaignac commande,
S'élancer avec lui, c'est l'honneur qu'il demande,
  Et pour le suivre ils sont cinq cents !

Pendant dix mois entiers la vaillante cohorte
Dans Tlemcen a manqué d'eau, de pain : mais qu'importe !
Ils auront, s'il le faut, sous le sable un tombeau !
Le chef souffre comme eux, et son âme brûlante
Leur a communiqué son ardeur enivrante
    Pour la patrie et le drapeau !

Qui pourrait retracer toute cette épopée ?
Son nom et ses exploits, gravés par son épée,
Sont écrits en tous lieux sur le sol africain ;
Un jour, prenant congé de la vie héroïque,
La valeur a fait place à la vertu civique,
    Le soldat au républicain !

Sur la place publique, ou bien à l'Assemblée,
Sa voix sut imposer à la foule troublée ;
Parlant au nom du peuple, il était écouté !
Plus tard, prenant l'épée, on l'a vu par la ville,
En Juin, mettre un frein à la guerre civile
    Qui menaçait la liberté !

Lui, qui l'eût pu jamais accuser d'imposture ?
Sans regret il quitta pouvoir et dictature,
Nouveau Cincinnatus qu'un peuple regardait,
Et dans l'obscurité du foyer domestique
Il cacha son bonheur, son dévoûment civique ;
    Confiant, calme... il attendait !

Le jour se lève enfin, et la France qui souffre,
Enchaînée et déjà sur le penchant du gouffre,
S'agite, frémissante, au mot d'élection.
Il est sorti vainqueur du Vote populaire ;
Qui sait ce qu'eût demain engendré la colère
  Et le réveil de ce lion ?

Mais la mort l'a surpris, paisible en sa demeure,
Entre sa jeune épouse et son fils qui le pleure,
Délivré du serment qu'il voulait refuser :
Il succombe, fidèle aux vœux de sa Patrie ;
Il expire en pensant à sa femme chérie,
  Premier amour, dernier baiser !

Godefroy l'attendait ! — Pure de toute honte,
Lorsque le lourd cercueil se ferme, l'âme monte ;
Vers sa tombe entr'ouverte allons, sans murmurer ;
Portons-lui nos regrets, nos fleurs ; — à sa mémoire
Demandons des conseils de civisme et de gloire :
  Les vivants seuls nous font pleurer !

BÉRANGER

La mort vient! Dans les rangs sa trouée est profonde!
Des gloires d'ici-bas décompte solennel!
Ceux dont le nom faisait le plus de bruit au monde,
Grands hommes dont la mort elle-même est féconde,
     Sont rappelés par l'Éternel.

Voyez! En peu de temps, comptons les places vides :
Balzac, Lamennais, Sue et bien d'autres encore;
Artistes, écrivains, champions intrépides,
Luttant par la pensée, esprits toujours avides
     De la lumière aux rayons d'or.

Mais le plus grand de tous, celui dont la vieillesse
Goûtait d'avance au miel de l'immortalité,
Front ridé par les ans, cœur bouillant de jeunesse,
Il n'est pas épargné par la sombre déesse,
    Qui frappe toute majesté.

Béranger ! Béranger ! notre plus pure gloire,
Notre Barde inspiré, l'Homère aux fiers accents,
Celui dont chaque vers vit dans chaque mémoire,
Idylle de l'amour, vaste chanson à boire,
    Ode des jours retentissants !...

    Qu'il est grand, cet homme stoïque !
    Vertu robuste, cœur d'acier,
    Au Cénacle patriotique
    Dans sa gloire intègre il s'assied !

    En vain l'inconstante fortune
    Frappe à sa porte à tour de bras ;
    Toute richesse est importune :
    Qu'elle frappe..... il n'ouvrira pas !

On lui disait à lui, l'homme des doux mirages :
« Tu chanterais bien mieux à l'abri du besoin ! »
Il répondait : « L'oiseau qui résiste aux orages
En sûreté s'envole au-dessus des naufrages,
Chante, et de sa pâture un Dieu bon a pris soin ! »

Mais un homme viendra, froid et puissant, te dire :
« C'est un triste festin, la gloire et la vertu...
On meurt sur un grabat en rimant la satire.
Tais-toi, prends l'or, ou bien la prison, le martyre :
      Poëte, que choisiras-tu ?

— Ah ! je ne mordrai pas à cette vile amorce.
Non, je ne vendrai pas ma chère liberté !
Qu'avec tout mon passé, sans honte, je divorce.... ?
Mon inspiration, le secret de ma force,
      Résident dans ma pauvreté !

« Préparez vos prisons, renforcez-en les grilles !
Ma muse embellirait le plus sombre séjour.
J'y porterai, du moins, bravement mes guenilles !
Le peuple est là qui sait renverser les Bastilles...
      Sans le hâter, j'attends son jour.

« Hommes noirs, c'est en vain que vos haines fertiles
Font par la calomnie ombre à mes purs succès ;
Rentrez, rentrez sous terre, ainsi que des reptiles :
Vos mesquines fureurs expirent inutiles
      Devant le bon sens des Français !

« Je ne veux pas grossir les rangs de ces paillasses
Sautant complaisamment pour le tiers ou le quart.
Vers un appât honteux des honneurs ou des places,

Combien des plus fameux, fils des plus nobles races,
Courbent leur échine avec art!....

« J'ai pour l'ambition tout le mépris du sage ;
Le panache qui flotte au front des courtisans,
La croix des commandeurs, ce collier d'esclavage,
Ne valent pas la fleur dérobée au corsage
    D'une fillette de quinze ans !...

« Des croix et des rubans?... Oh! la rare merveille !
A tous nos émigrés on a donné des croix ;
Tous nos chevaux de fiacre ont ruban à l'oreille !...
Parlez-moi d'un bon vin vieilli dans la bouteille :
    Voilà la merveille, et j'y crois !

    « Amie et fidèle et discrète,
    Je puis me confier à toi,
    Te dire ma peine secrète,
    Te raconter une amourette,
    Sans te voir, ô chère muette,
    Jamais abuser de ma foi !

    « Sais-tu, douce cause du rire,
    Qu'avec toi mon cœur est content ?
    Que, pris du besoin de médire,
    Je te dois plus d'une satire,
    O bouteille ! et qu'en ton délire
    Un jour passe comme un instant ?

« Ma route est immuable et constante, elle est une.
La pure vérité guida mes premiers pas,
Flatter les dieux du jour est une loi commune;
Pour moi, je n'ai jamais flatté que l'infortune :
   Je ne changerai pas! »

Les révolutions ont passé sur sa tête;
Il a vu les grands jours de l'humaine tempête;
Il a vu l'échafaud si fécond en terreurs,
La République altière et ses quatorze armées
Promenant sur l'Europe, au bruit des renommées,
   Les étendards aux trois couleurs.

Il a vu s'élever, des montagnes de Corse,
L'homme qui, dans les camps, seuls appuis de sa force,
Traîna, les poings liés, la Révolution;
Et, pour se maintenir, bouleversant le monde,
Lui légua, condamné par son œuvre inféconde,
   Le deuil de son ambition...

Il a vu l'étranger, dont les noires cohortes
Ont forcé nos remparts, brûlé nos places fortes,
Représailles du mal que firent nos canons,
Briser nos monuments, nos arches triomphales,
Pour ramener chez nous, aux crins de leurs cavales,
   Les marquis avec les Bourbons...

Il a vu Charles Dix et la gent jésuitique ;
Le règne des bourgeois ; une autre République,
Grande dans ses desseins que nul n'exécutait...
Il a vu tout cela, le vieillard, notre barde,
Et sans cesse — cadran qui jamais ne retarde —
    Sa grande voix toujours chantait !

. . . .

Mais la mort l'a touché de son doigt implacable...
Son âme grandiose a rejoint l'Éternel ;
Ce qui reste de lui, dépouille vénérable,
    Repose auprès de Manuel.

C'est en vain qu'au talon l'orthodoxe couleuvre
Le veut mordre, il n'est point de ceux qu'on voit finir.
Nous avons sa pensée immortelle en son œuvre :
    Il appartient à l'avenir.

EUGÈNE SUE

ÉPITRE

—

FRAGMENTS

C'était un grand esprit et c'était un grand cœur !
Il a, dans ces combats dont il sortit vainqueur,
Dans l'incessant travail de cette lutte ardente
Qui finit par l'exil, — pour lui comme pour Dante, —
Il a, par sa foi vive et sa sincérité,
Conquis à son nom pur un lustre mérité.
Tandis qu'en notre temps trop souvent le poëte
Prête une voix factice à son âme muette,
Contrefait, en s'aidant de sanglots éperdus,
Des pleurs que ses yeux secs n'ont jamais répandus,

Et, parant d'oripeaux sa muse grimaçante,
Met un masque pompeux à la pensée absente;
Lui, faisait à grands flots, dans ses inventions,
Couler l'idée, et c'est le sang des fictions.
Comme ces feux changeants qu'au phare l'on allume,
Son âme illuminait les œuvres de sa plume.
Ses pas posent toujours sur un terrain connu :
Il pense ce qu'il dit, décrit ce qu'il a vu,
Si bien qu'en en faisant une étude suivie,
Par ses livres on peut s'instruire de sa vie,
Voir le but qu'il cherchait, ses vœux, ses sentiments...
Nous lirons son histoire en lisant ses romans.

. . . .

A l'âge où la pensée ouvre son aile immense,
Où, comme un terrain prêt, l'âme attend sa semence,
Il partit, étonné, mais non épouvanté;
Il vit de l'Océan la sombre majesté :
Il aimait ce spectacle, et cette horrible guerre
Que le vent déchaîné fait aux flots en colère,
Et l'effroyable choc des vagues, et le bois
Criant et gémissant comme un homme aux abois.
Il aimait, quand le calme était sur l'eau profonde,
Voir le vaisseau petit entre le ciel et l'onde;
Il aimait écouter, penché sur le bossoir,
Le chant du matelot dans la brise du soir;
Tout ce qu'il recherchait, c'était la poésie.

Le grain était fécond, la terre était choisie ;
La plante germa vite, et bientôt l'épi d'or,
Trop alourdi, laissa s'épancher son trésor,
Et l'écrivain cueillit, d'une main ferme et sûre,
Sa moisson jeune encor, et pourtant déjà mûre.

. . . .

Voilà pourquoi sa riche imagination
Donnait aux premiers-nés de son invention,
Qu'inspiraient l'Océan et ses grandeurs sublimes,
L'intérêt tout nouveau des récits maritimes ;
Voilà pourquoi, peut-être, on retrouve toujours
La tempête, chez lui, pesant sur les beaux jours.

. . . .

Telle que l'Océan dont il fit la peinture,
Son œil clair plonge au fond de l'humaine nature.
Le cœur de l'homme, abîme où la gloire et l'amour
Dans d'horribles combats triomphent tour à tour,
Où sur des flots fangeux et sous d'épais nuages
L'ardente passion déchaîne ses orages ;
Où parfois brille à peine, au fond d'un gouffre obscur,
L'éclat charmant et doux de quelque astre au front pur.
Ses récits, vérité trop souvent confirmée,
Montrent l'homme méchant et la femme opprimée,
Et, marchant droit au but dans leur bon sens brutal,
Proclament hardiment le triomphe du mal.

La critique blâmait, la critique insensée
Ignorait l'avenir de l'œuvre commencée ;
Elle ne savait pas pressentir le grand jour
Où le bien, dans la lutte, allait avoir son tour.
On croyait, en lisant l'œuvre désespérante,
A l'anathème ardent de quelque âme souffrante...
On se trompait : Celui dont les récits railleurs
Racontaient les méchants plus fort que les meilleurs
Affermissait ainsi sa haine vigoureuse
Contre ce qui froissait sa raison généreuse.

. . . .

C'était ainsi ; son cœur connaissait trop, hélas !
Le résultat fatal des luttes d'ici-bas.
Sachant que l'injustice est puissante et féconde,
Que la loi du plus fort est la loi de ce monde,
Et que l'homme est rebelle à ce que Dieu promet,
La cause des vaincus fut celle qu'il aimait.
En voyant, par des lois qu'on prétend nécessaires,
Le monde condamner ses enfants aux misères ;
En voyant les maudits et les déshérités
Tendant la main à ceux qui les ont rejetés,
S'agiter sans espoir dans leur bas-fond immonde,
Il s'était senti pris d'une pitié profonde...
Sûr d'en avoir un jour la force et le pouvoir,
Il s'était à lui-même imposé ce devoir
D'attaquer vaillamment les crimes sur leur trône,

Et de porter secours à ceux qu'on abandonne.
Enfin, ouvrant sa main pleine de vérités,
L'écrivain déchaîna ses vengeurs irrités.
On le vit, abjurant son sceptique système,
Foudroyer les méchants de son rude anathème;
On vit de ses romans les grands héros venir,
Comme Hercule autrefois, pour sauver et punir.
Ce fut un beau spectacle, et doux aux belles âmes,
Que de voir l'univers applaudir à ces drames,
Et les riches, pleurant à ces récits offerts,
Compatir à des maux qu'ils n'ont jamais soufferts!

Mais, — paradoxe vrai, — dans notre siècle impie,
Comme toute vertu, toute gloire s'expie:
L'exil, le dur exil, ô mort trop tôt pleuré !
De ton nom glorieux a fait un nom sacré ;
Et maintenant tu dors sous la terre étrangère,
Qui, fière de t'avoir, te couvrira légère...
Dans ta tombe exilée, ami, dors en repos :
La France ingrate un jour regrettera tes os.

POURQUOI

JE N'AIME PAS LES CHIENS

Vous demandez, ami, pourquoi j'accueille mal
Les caresses du chien, — un si bon animal !
Vous demandez encor pourquoi, moi qu'on dit bonne,
Je ne puis oublier, même quand je pardonne.
A ces deux questions une autre, assurément,
Avec de longs discours répondrait longuement;
Moi j'aime mieux vous dire, en quelques mots, l'histoire
D'un souvenir lointain resté dans ma mémoire.
Ma réponse aura donc la forme d'un récit.
Écoutez ou lisez... — L'histoire, la voici:

A l'époque où j'étais encor petite fille,
Au temps où nous dansions en rond sous la charmille,
Notre grand chansonnier, Béranger, bien souvent
M'apportait des bonbons au parloir du couvent.
Moi, turbulente enfant, remuante et joueuse,
Dès que je le voyais, devenant sérieuse,
J'allais timidement m'asseoir sur ses genoux ;
J'aimais sa douce voix et son regard si doux,
Que j'ai vu maintes fois humide, quand la cloche
M'appelait à la classe... Or, un jour, dans sa poche
J'aperçus, en entrant, quoiqu'il le cachât bien,
Le museau rose et frais d'un joli petit chien.
Je tendis les deux mains vers la charmante bête,
Qui d'un air amical vers moi tournait la tête.
« C'est pour moi, n'est-ce pas ? » dis-je en poussant un cri.
Sans me répondre rien, le poëte sourit
Et mit entre mes bras une boule de soie.
Je ne vous peindrai pas mon bonheur et ma joie ;
J'embrassai Béranger vingt fois bien tendrement,
Puis avec son cadeau je partis fièrement.

C'était un petit chien, de race merveilleuse,
A l'œil intelligent, à la robe soyeuse,
Un vrai king-charles blanc, tout tacheté de feu.
Aussi que je l'aimai ! que je l'aimai, mon Dieu !
De ce cher animal je devins si jalouse
Qu'il ne me quitta plus : sur la verte pelouse,

Lorsque l'heure arrivait des récréations,
Seuls, tous deux, à l'écart, ensemble nous jouions ;
Puis, quand il me fallait retourner à la classe,
Il avait sur le banc, auprès de moi, sa place,
Et je le recouvrais avec mon tablier.
La maîtresse sévère avait beau m'épier,
Je l'emportais le soir, et sous ma couverture
Il se pelotonnait chaudement... Je vous jure
Que je n'aurais pas pu fermer les yeux sans lui.
Il aurait eu si froid, dans sa niche, la nuit !
Que de punitions et que de pénitences
Me valurent alors mes désobéissances !
Eh bien ! ce compagnon fidèle et caressant
Un jour (le croirez-vous ?) me mordit jusqu'au sang !
C'est ainsi qu'il paya mes soins et ma tendresse.
Ah ! je fus indignée, — et, sans plus de faiblesse,
Je le fis remporter sur l'heure à la maison.
L'irrévocable exil punit sa trahison !

Je grandis, — et longtemps je gardai la mémoire
De mon chien et de son ingratitude noire.
Six ans après, rentrée au foyer maternel,
Près du feu je revis, un soir, le criminel.
Il était devenu gras, poussif et maussade,
Affaissé, somnolent, frileux, comme un malade !
J'accordai mon pardon au chien laid et perclus,
Et je compris alors que je ne l'aimais plus !

Or, voici maintenant ce que je veux vous dire :
Si, plus tard, dans un jour de fièvre ou de délire,
Vous songiez méchamment à me faire du mal,
N'enviez pas le sort du petit animal,
Et ne vous fiez pas à ce que je suis bonne...
C'est quand je n'aime plus, ami, que je pardonne !

FIN

TABLE

PREMIÈRE PARTIE

ITALIE

	Pages.
Chant funèbre.	5
A S. M. le Roi Victor Emmanuel.	11
A S. A. R. la Princesse Marie Pie.	15
A S. A. R. Mme la Duchesse d'Aoste.	25
A la Comtesse d'Albany.	31
Stances de Corinne a l'Italie.	37
L'Italie.	41
Salut a Naples.	45
Venise.	51
La Sensa.	55
Manin.	57
Les Arcades de Turin.	63

	Pages.
A Alexandrie.	67
Un toast a Casale.	71
Les Suppliciés.	75
La Vierge romaine.	77
A Dante.	81
Rossini.	83
La Marguerite.	85

DEUXIÈME PARTIE

LÉGENDES ET SOUVENIRS

LÉGENDES SAVOISIENNES.

I. La Maison du diable.	91
II. Le Sire de Montmayeur.	97
III. L'Église de Hautecombe.	111
Raphael.	117
La Sensitive.	133
L'Amour.	139
L'Ange gardien.	143
Les Confidences.	147
Un Enfant.	155
Amante et Mère.	159
Le Fils de Thémistocle.	163
Prière des enfants grétois.	165
Aux Hommes.	171
Le Travail.	175
L'Ennemie commune.	179
La Demoiselle de compagnie.	185

TABLE.

	Pages.
Une Fleurette	191
La Princesse Zobéide	193
Oiseau, Femme ou Fleur	197
Espoir et Souvenir	201
L'Éventail	205
A Victor Hugo	207
Les Funérailles de Béranger	211
Paris nouveau	221
Les Funérailles de Cavaignac	229
Béranger	235
Eugène Sue	241
Pourquoi je n'aime pas les chiens	247

DES PRESSES DE D. JOUAUST

IMPRIMEUR

DE LA LIBRAIRIE DES BIBLIOPHILES

Rue Saint-Honoré, 338

A PARIS

Contraste insuffisant

NF Z 43-120-14

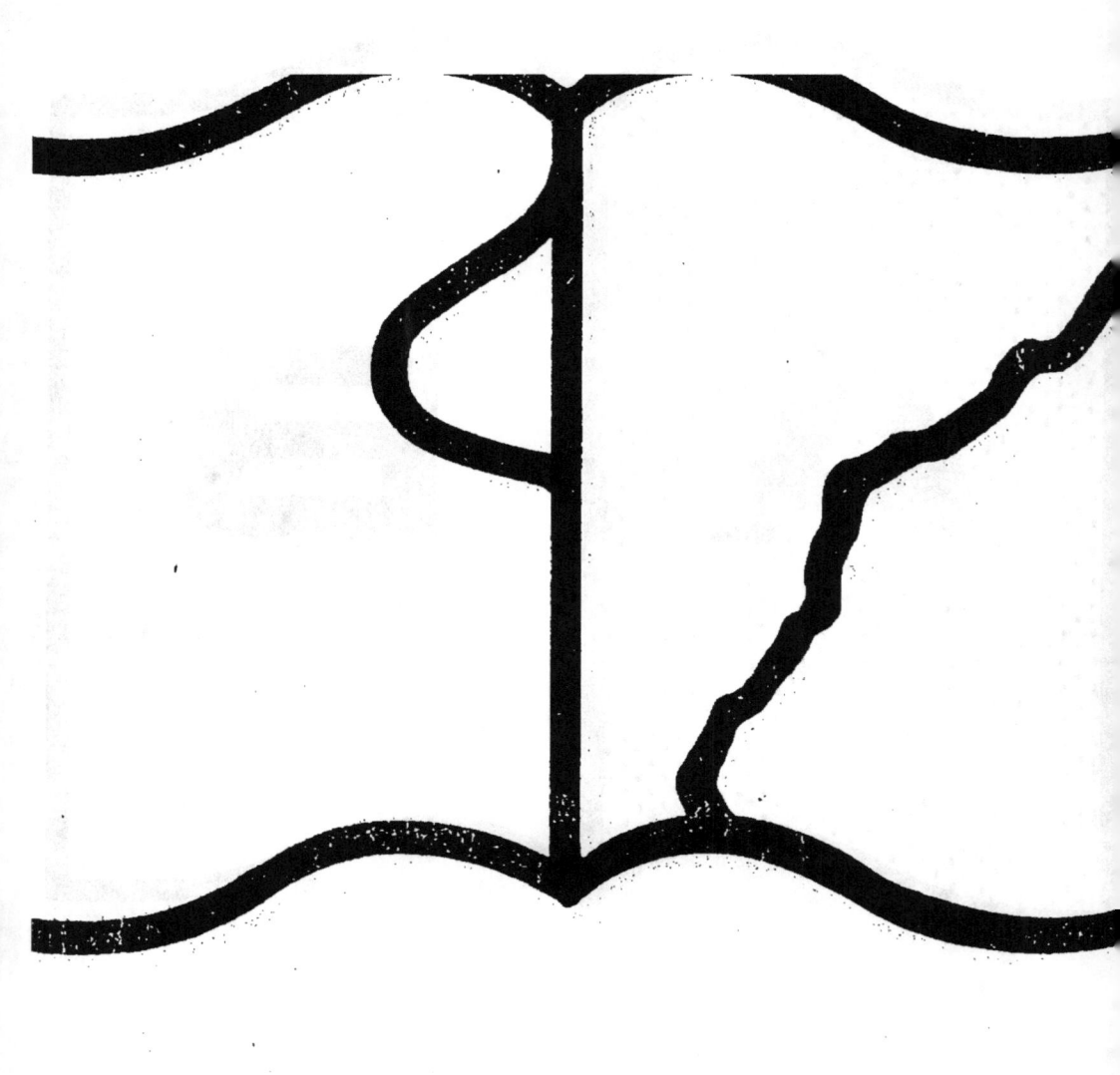